SECHS KLEINE MORDE

SECHS KLEINE MORDE

Kimberly Sparks
Middlebury College

Constance Kenna
Middlebury College

HARCOURT BRACE JOVANOVICH, INC.

New York San Diego Chicago San Francisco Atlanta

ISBN: 0-15-579150-8

Library of Congress Catalog Card Number: 78-70080

Printed in the United States of America

Copyrights and Acknowledgments

Frau Wilma Reimann for permission to reprint "Nacht im Hotel" by Hans Reimann.

Schocken Books Inc. for "Das Urteil" by Franz Kafka. Reprinted by permission of Schocken Books Inc. from *Erzählungen und kleine Prosa* by Franz Kafka. Copyright © 1935, 1946 by Schocken Books Inc. Copyright renewed © 1974 by Schocken Books Inc.

Stern, Hamburg for "Die Show im Saal 270 (Einmal war es Totschlag, einmal Mord)" Stern no. 32/77. Reprinted by permission of Stern Syndication. All rights reserved.

Suhrkamp Verlag for Bertolt Brecht "Ein neues Gesicht" (Überschrift nicht vom Autor) aus *Prosa,* Band 1. Copyright © by Stefan S. Brecht 1965. Alle Rechte vorbehalten durch Suhrkamp Verlag, Frankfurt am Main.

Verlag Der Arche for *Die Panne, Ein Hörspiel,* von Friedrich Dürrenmatt. © 1961 by Verlags AG "Die Arche," Peter Schifferli, Zürich; and for "Herberts blaue Augen" von Georg Kreisler, aus dem Band *Der guate alte Franz.* © Copyright by Sanssouci Verlag, Zürich, 1962.

INTRODUCTION

Sechs kleine Morde is a collection of crimes and punishments and the trials that intervene. Like their real-life counterparts, fictional crimes vary enormously in mode and tone, from the tragic to the comic, the pathetic to the ironic, the grotesque to the burlesque. And, as in real life, in fiction we are sometimes left wondering whether a crime has been committed at all—for while in some of the *Morde* in this book we have no trouble finding the victim, in others it is hard to find a corpse, or even a corpus delicti. But then imagined murders and self-inflicted punishments have always been the special province of fiction.

Whether we as readers feel threatened by a fictional murder depends on the degree of "felt menace," to quote the late Philip Rahv; and felt menace is the product of artistic technique. One of the pieces in this book is a comic ballad about armed robbery, murder, trial, and execution—all made unthreatening and funny by the form in which they are presented. Another of the selections—a very threatening one indeed—describes a deadly confrontation between father and son, a primal duel in the Oedipal mold, in which the only weapons are words and the execution is carried out by the condemned man himself.

Sechs kleine Morde is a reader for second- and third-year German courses. We use it ourselves at the point in the second year where we want to begin varying our students' literary diet. It is at this same point that we encourage our students to extend and vary their responses to what they read. We want them to go beyond factual answers, and to this end we introduce them to the language of motivation and interpretation. Throughout the first year and at the beginning of the second year, students are usually pointed toward a single correct response in learning complex syntactical structures. But an equally important aim of language study is learning to think on one's feet in a foreign language, and, beyond this, learning to invent. *Sechs kleine Morde* is designed to bring students by easy stages to independent analysis and expression as well as spontaneous response and invention.

Special Features of the Book

Sechs kleine Morde has a number of features that have been proved successful in other language readers. Facing-page vocabularies that follow along with the text give students the right meaning at the right time, enabling them to read smoothly, without the frustration and distraction of constantly flipping back and forth between the story and the end-of-book vocabulary. The facing-page vocabularies also provide notes on idioms and difficult syntactical structures (the extended attributive, for example)—notes that go well beyond what students find in traditional readers.

There is an extended outline for a guided retelling of each story. The outline serves several purposes: first, it confirms the students' understanding of what they have read; just as important, the outline, being a simplification of the text, can be used to help students through a first reading of difficult passages. The outline is made up of entries ranging from one-word cues to elaborate synthetic sentences. The short cues are there to encourage free response; the longer ones help with complicated grammar and with complexities in the story line.

Each section of the outline has a phrase or question heading, and these headings, taken as a group, constitute a shorter outline that instructors can use to elicit an even freer retelling of the story. The outlines of the longer readings are divided into parts, which may make more workable one-day assignments. The outline of each reading is followed by a set of *Themen zur Diskussion,* which are meant to encourage a freestyle oral review of major aspects of the story. The cues here are extremely brief, their purpose being to jog the memory, not to dictate the students' choice of words. At the end of the longer readings is a final group of *Weitere Themen zur Diskussion oder für kleine schriftliche Arbeiten.* These questions take more thinking, provoking as they do a deeper analysis of certain aspects of the text. Instructors may want to discuss some of these themes in class or choose one or two as the subjects of short papers.

The Stories

The six readings in this book represent six different genres: radio play, magazine article, short story, fable, ballad, and fairy tale. We have arranged the readings so that a long selection is always followed by a short one. This is done in part for change of pace, but there is also a loose thematic connection between the stories we have paired in this way. Some of the questions on the short pieces invite students to use the interpretive language they have acquired in discussing the preceding longer pieces.

The first reading, Dürrenmatt's "Die Panne," is a radio play, a comic trial set against the background of a sumptuous supper hosted by a retired judge and his superannuated cronies. The "accused," a stranded traveler whom the judge has taken in for the night, convicts himself, out of his own mouth, of extraordinary crimes committed in the dog-eat-dog world of business. "Die Panne" is paired with "Ein neues Gesicht," by Bertolt Brecht, a modern fable that shows what the grasping excesses of big business can lead to.

"Die Show im Saal 270" is a magazine article about two murders, one committed by a beautiful actress in an expensive villa, the other by a seamstress in a run-down apartment. Social criticism is on the agenda here, and the pathos generated by the counterpoint of the chic and the shabby makes this more a fictionalized documentary than a job of straight reporting. "Herberts blaue Augen" is the bloodthirsty ballad that follows; the two pieces are connected by the theme of betrayal. But any ballad written by Georg Kreisler, who is the Austrian Tom Lehrer, cannot end with a tear. We are admonished instead never to trust a man with blue eyes.

Kafka's "Das Urteil" is one of the most influential stories of the twentieth century. More than any story of our time, it has brought readers to an understanding of the dynamics of psychic confrontation—confrontation between father and son, between man and his myths. It is a story that exercises the reader in the perception of the multiple meanings in gestures and images. Like all Kafka stories, "Das Urteil" is also a primer on the subject of assumed guilt. And the last reading in the book, Hans Reimann's "Nacht im Hotel," is a modern fairy tale that asks, in a tongue-in-cheek way, whether the guilt one assumes for crimes committed in a dream carries over into one's waking life. The answer to that question turns out to be, in a manner of speaking, a fly in the soup.

We think that both instructors and students will find these six selections highly entertaining. Instructors can increase the students' enjoyment and understanding by adding questions of their own and varying the exercises that we suggest.

Kimberly Sparks
Constance Kenna

CONTENTS

SECHS KLEINE MORDE

Die Panne

FRIEDRICH DÜRRENMATT

der **Erzähler** narrator **harmlos** harmlessly die **Autopanne** car breakdown

streiken to strike, stop working **zum Glück** luckily, fortunately die **Reparaturwerkstätte** repair shop
in der Nähe *lit.:* in the vicinity; *here:* nearby der **Textilreisende** (*adj. noun*) traveling salesman of textiles **(ihm) bleibt nichts anderes übrig, als . . .** (+ *inf. clause*) there's nothing left for him to do but . . .
proper clean, tidy
wohin es ihn verschlagen hat *idiom:* where fate has brought him das **Nachtquartier** place to spend the night
sich um·schauen nach to look around for der **Gasthof** inn **jedoch** however
der **Verband** organization, association der **Kleinviehzüchter** breeder of small animals (*i.e.,* ducks, geese, chickens) **belegt** taken, occupied der **Wirt** innkeeper
pensioniert retired der **Amtsrichter** district court judge **hin und wieder** now and again, once in a while
auf·nehmen* to take in

herzlich cordially **jemanden willkommen heißen*** to welcome someone

geschmeichelt (*past part. of verb* **schmeicheln,** *to flatter—used here as an adj.*) flattered

befremdend embarrassing die **Dringlichkeit** urgency

das Abendessen ein·nehmen* to have dinner

der **Kreis** *lit.:* circle; *here:* group **im Kreise gleichgesinnter Freunde** with a group of friends who hold similar views der **Aperitif** drink before dinner

---

· separable prefix
* strong verb (see Vocabulary for conjugation)
(s) verb with auxiliary sein

ERZÄHLER Die Geschichte fängt harmlos an—mit einer Autopanne. Der hellrote Studebaker von Alfredo Traps streikt und steht. Zum Glück ist eine Reparaturwerkstätte in der Nähe. Traps—Textilreisender, 45, verheiratet, vier Kinder—bleibt nichts anderes übrig, als sich in dem properen stillen Dörfchen, wohin es ihn verschlagen hat, nach einem Nachtquartier umzuschauen. Im Gasthof jedoch sind alle Zimmer vom Verband für Kleinviehzüchter belegt. Der Wirt schickt Traps in die Villa gegenüber, zu Herrn Werge, dem pensionierten Amtsrichter. Der würde hin und wieder Gäste aufnehmen. Vielleicht hätte Traps dort Glück. —Und richtig, Traps hat Glück. Der alte Herr heißt ihn so herzlich willkommen, als habe er den ganzen Tag auf ihn gewartet, und lädt den geschmeichelten Traps mit einer fast befremdenden Dringlichkeit ein, das Abendessen zusammen mit ihm einzunehmen, im Kreise gleichgesinnter Freunde. Beim Aperitif lernt Alfredo Traps die Freunde kennen, drei Herren über

drei Herren . . . , die dem Hausherrn an Kauzigkeit kaum nachstehen three gentlemen who very nearly rival the host in eccentricity

der **Staatsanwalt** state's attorney, prosecuting attorney

sehr erfreut very pleased (to meet you)
der **Rechtsanwalt** attorney

der **Verteidiger** defender (*i.e.,* defense attorney) **gestatten . . . (Gestatten Sie, daß ich mich vorstelle.)** to permit (Permit me to introduce myself.)
Habe das Vergnügen. (I) have the pleasure, my pleasure

angenehm (it is) pleasant (for me); *i.e.,* my pleasure

übernachten to spend the night

heraus·bringen* to determine, to find out

die **Eigenschaft, -en** trait, characteristic **je nach ihren Eigenschaften** each according to his characteristics **das hierzu bestimmte Zimmer** the room assigned for this purpose (*i.e.,* according to their characteristics)

der **Schuß** dash, splash

verdienen to earn, deserve

jemandem einen Dienst erweisen* to do someone a service

mit·spielen to play along

lachen to laugh **verlegen** embarrassed

es besteht darin, daß . . . it consists in **des Abends** (*obsolete*) in the evening
der **Beruf, -e** profession

das **Gericht** court of law

unheimlich weird, uncanny

im allgemeinen generally

der **Prozeß, -sse** trial **durch·nehmen*** to re-enact **verschieden** various

geschichtlich *historisch* **vor·laden*** to summon

jemanden für unzurechnungsfähig erklären to declare someone mentally unfit to stand trial
in Gewahrsam nehmen* to take into custody

eigenartig strange, peculiar

siebzig, die dem Hausherrn an Kauzigkeit kaum nachstehen . . .

RICHTER Darf ich vorstellen: Ein pensionierter Staatsanwalt—

STAATSANWALT Mein Name ist Zorn.

TRAPS Sehr erfreut.

RICHTER Ein pensionierter Rechtsanwalt—

VERTEIDIGER Gestatten: Kummer.

TRAPS Habe das Vergnügen.

RICHTER Herr Pilet.

TRAPS Angenehm.

PILET Fein.

RICHTER Simone!

SIMONE Ja, Herr Werge?

RICHTER Das ist Herr Traps, Simone. Er übernachtet hier.

SIMONE In welchem Zimmer denn, Herr Werge?

RICHTER Aber Simone, das müssen wir doch erst herausbringen.

SIMONE Verstehe.

RICHTER Unsere Gäste, Herr Traps, kommen nämlich je nach ihren Eigenschaften in das hierzu bestimmte Zimmer.

TRAPS Originelle Idee.

RICHTER Wünschen Sie etwas Vermouth?

TRAPS Gerne.

RICHTER Mit einem Schuß Gin?

TRAPS Ich weiß gar nicht, womit ich dies alles verdient habe.

RICHTER Sie erweisen uns nämlich durch Ihren Besuch einen Dienst.

TRAPS Einen Dienst?

RICHTER Sie könnten mitspielen.

TRAPS Gerne. Was ist es denn für ein Spiel?

(*Lachen verlegen*)

RICHTER Es besteht darin, daß wir des Abends unsere alten Berufe spielen.

TRAPS Ihre alten Berufe?

STAATSANWALT Wir spielen Gericht.

TRAPS Direkt unheimlich.

RICHTER Im allgemeinen nehmen wir die berühmten historischen Prozesse durch, oder laden verschiedene geschichtliche Persönlichkeiten vor.

VERTEIDIGER So haben wir gestern Friedrich den Großen für unzurechnungsfähig erklärt und in Gewahrsam genommen.

TRAPS Das ist ja wirklich ein eigenartiges Spiel.

PILET Fein, nicht?

STAATSANWALT Am schönsten ist es natürlich, wenn wir am lebenden Material spielen.

Kann ich mir denken. I can imagine.

deshalb therefore **haben die Freundlichkeit** are kind enough **sich jemandem zur Verfügung stellen** to put oneself at someone's disposal

Das versteht sich doch von selbst. That's clear.

das **Feuer** light (for his cigarette)

das **Geschenk** gift

was nun Ihre Rolle betrifft as far as your role is concerned

der **Stümper** fool, bungler

zu etwas fähig sein* to be able to do something

neugierig curious

der **Posten, —** *lit.:* post, occupation, job; *here:* role

die **Kenntnis** knowledge die **Materie** subject matter (*i.e.,* law) die **Spielregel, -n** game rule

notwendig necessary der **Angeklagte** (*adj. noun from verb* **an·klagen,** *to accuse*) person accused of a crime, the accused

unbesetzt unoccupied, not taken **in keiner Weise** in no way, not at all **gezwungen:** *past part. of* **zwingen*** to force

betonen to emphasize

das **Verbrechen** crime **ein Verbrechen begehen*** to commit a crime

unwichtig unimportant der **Punkt** point, matter

das **Ausblenden** fade-out

gemütlich cozy, comfortable die **Tafelrunde** *lit.:* roundtable; group of people at a round table **feierlich** formal, elegant

das **Speisezimmer** *das Eßzimmer* die **Lehne, -n** back (of a chair)

die **Vorspeise, -n** *usually:* appetizer; *here:* first course die **Schildkröte** turtle die **Forelle, -n** trout

die **Petersilie** parsley der **Champignon, -s** mushroom

die **Stimmung** atmosphere **vortrefflich** excellent; *i.e.,* relaxed

gesegnete Mahlzeit *lit.:* blessed mealtime (*an abbreviated form of grace*)

vor·weisen* to show

stattlich splendid der **Mord** murder

unschuldig innocent **vollkommen** completely, absolutely

Nanu? What's that?

vor·kommen* to occur, happen

untersuchen to investigate, check out, look into **Was es nicht geben kann, gibt es nicht.** If it can't be, it doesn't exist.

TRAPS Kann ich mir denken.

RICHTER Deshalb haben dann Gäste hin und wieder die Freundlichkeit, sich uns zur Verfügung zu stellen.

TRAPS Das versteht sich doch von selbst.

RICHTER Sie brauchen aber nicht mitzuspielen, mein lieber Herr Traps.

VERTEIDIGER Zigarette?

TRAPS Danke.

VERTEIDIGER Feuer?

TRAPS Habe selber. Dunhill. Geschenk von meiner Frau.

STAATSANWALT Was nun Ihre Rolle betrifft, sehr geehrter Herr Traps, so ist sie nicht schwer zu spielen, jeder Stümper ist dazu fähig.

TRAPS Da bin ich aber neugierig.

RICHTER Den Richter, den Staatsanwalt und den Verteidiger haben wir schon, es sind dies ja auch Posten, bei denen eine Kenntnis der Materie und der Spielregeln notwendig ist. Nur die Rolle eines Angeklagten ist unbesetzt. Doch sind Sie in keiner Weise etwa gezwungen, mitzuspielen, ich will dies noch einmal betonen.

TRAPS Was soll ich denn für ein Verbrechen begangen haben?

STAATSANWALT Ein unwichtiger Punkt, mein Freund. Ein Verbrechen läßt sich immer finden. . . .

(*Ausblenden*)

ERZÄHLER Gemütliche Tafelrunde im altmodisch-feierlichen Speisezimmer. Alte Stühle mit hohen Lehnen, dunkle Bilder an den Wänden. Mademoiselle Simone serviert die Vorspeisen: Schildkrötensuppe, Forellen mit Petersiliensauce, Champignons à la Crème . . . Die Stimmung ist vortrefflich.

ALLE Gesegnete Mahlzeit.

STAATSANWALT Nun? Angeklagter, was haben Sie vorzuweisen? Ich hoffe, einen schönen stattlichen Mord.

VERTEIDIGER Ich muß protestieren, lieber Staatsanwalt. Mein Klient ist ein Angeklagter ohne Verbrechen, eine Rarität in der Justiz. Er ist unschuldig, vollkommen unschuldig.

RICHTER Nanu?

STAATSANWALT Unschuldig?

PILET He?

RICHTER Ist noch nie vorgekommen.

STAATSANWALT Müssen wir untersuchen. Was es nicht geben kann, gibt es nicht.

nur zu just go ahead
dazu *here:* with them (*i.e.,* the trout)
spritzig bubbly
die **Lieblingsvorspeise** favorite first course

das **Alter** age

der **Generalvertreter** district agent, salesman with a large territory
erlitten: past part. of **erleiden*** to suffer, experience
zufällig by accident, by chance

besitzen* to own
rotlackiert painted red das **Extramodell** special model
erst seit kurzem only recently, for a short time

der **Hausierer** peddler, door-to-door salesman
ziehen* *gehen* das **Köfferchen** *lit.:* little suitcase; *here:* sample case
tippeln *lit.:* to wander about; *here:* to hitchhike **übernachten** to spend the night der **Heuschober, —** haystack
zweifelhaft dubious die **Herberge, -n** hostel, flophouse
die **Branche** field, area of business
das **Bankkonto** bank account
sich rühmen to brag, boast

vorsichtig careful
Wie ist denn das gekommen? How did that happen? How did that come about?
auf·passen to be careful, watch out
die **Alleinvertretung** the only account, sole distributorship **Hephaiston** *proper name: name of the company Traps works for*
übernommen: past part. of **übernehmen*** to take over, assume
lukrativ profitable, lucrative der **Posten** job
gefährlich dangerous
besiegen to beat, conquer

früher former

auf·stöbern to uncover, ferret out
schließlich after all, in the last analysis die **Hauptsache** the main thing
das **Mordchen** *lit.:* little murder **auf·weisen*** to show, prove
zu seiner und unserer Freude to his and our delight

bedauern (muß bedauern) to regret ("sorry!")
auf·geben* to give up

TRAPS Nur zu, Herr Staatsanwalt.

SIMONE Forellen, meine Herren, und dazu einen leichten, spritzigen Neuchâteller.

VERTEIDIGER Meine Lieblingsvorspeise!

PILET Fein.

STAATSANWALT Ihr Alter, Herr Traps?

TRAPS Fünfundvierzig.

STAATSANWALT Ihr Beruf?

TRAPS Generalvertreter.

STAATSANWALT Schön. Erlitten eine Panne?

TRAPS Zufällig, zum ersten Mal seit einem Jahr.

STAATSANWALT Ach, und vor einem Jahr?

TRAPS Nun, da fuhr ich noch den alten Wagen, einen Citroën 1939. Doch jetzt besitze ich einen Studebaker, rotlackiertes Extramodell.

STAATSANWALT Studebaker? Ei, interessant! Und erst seit kurzem? Waren wohl vorher nicht Generalvertreter?

TRAPS Noch vor zehn Jahren war ich nichts als ein Hausierer und zog mit einem Köfferchen von Haus zu Haus. Harte Arbeit, tippeln, übernachten in Heuschobern, zweifelhaften Herbergen. Von unten fing ich an in meiner Branche, ganz von unten. Und jetzt, meine Herren, wenn Sie mein Bankkonto sähen, ich will mich nicht rühmen, aber hat einer von euch einen Studebaker?

VERTEIDIGER Seien Sie doch vorsichtig!

STAATSANWALT Wie ist denn das gekommen?

VERTEIDIGER Passen Sie auf, und reden Sie nicht so viel.

TRAPS Ich habe die Alleinvertretung der Hephaiston auf diesem Kontinent übernommen.

STAATSANWALT Wie kamen Sie zu einem so lukrativen Posten?

VERTEIDIGER Aufpassen, jetzt wird's gefährlich.

TRAPS Das ist nicht leicht gewesen. Habe zuerst Gygax besiegen müssen, und das war eine harte Arbeit.

STAATSANWALT Ei, und Herr Gygax, wer ist denn dies wieder?

TRAPS Mein früherer Chef, letztes Jahr gestorben.

VERTEIDIGER Sie sind wohl verrückt geworden.

STAATSANWALT Gestorben! Da hätten wir unseren Toten aufgestöbert, und das ist schließlich die Hauptsache. Vielleicht läßt sich da gar ein Mordchen aufweisen, das unser lieber Traps begangen haben könnte, zu seiner und unserer Freude.

TRAPS Muß bedauern, meine Herren, muß bedauern.

STAATSANWALT Geben wir's nicht auf. Rekapitulieren wir. Herr Gygax ist vor einem Jahr gestorben.

erhalten* *bekommen**

sterben* an (+ *dat.*) to die of

eine Herzgeschichte heart trouble

der **Verewigte** (*adj. noun from verb* **verewigen,** *to make eternal*) *euphemism for* dead man; the deceased

blutjung very young

gestehen* to confess, admit die **Seelenruhe** peace of mind

die **Bange** fear, worry

das **Verhör** interrogation, formal questioning **auf der Hut sein*** to be on the lookout, to be careful

der **Unglücksmensch** unfortunate person, poor fool **meinen mit** to mean by

etwa perhaps

merken to notice

verzeihen* to forgive **ich dachte mir das Spiel feierlicher . . .** I thought the game (would be) more solemn . . .

würdig dignified, proper **förmlich** formal **mehr Gerichtssaal** more (like a) courtroom

bestürzt embarrassed, surprised, shocked das **Gesicht** face

Ihr bestürztes Gesicht . . . bezahlen. The expression on your face just now was priceless. die **Art** way, manner **Gericht halten*** to hold court

kommt (mir) fremd vor seems strange (to me) **allzu munter** much too (*lit.:* cheerful) relaxed, casual

Wertgeschätzter (*adj. noun*) *lit.:* my highly esteemed man; my dear sir

unnötig unnecessary der **Wust** mess

die **Formel, -n** formula, legal procedure das **Protokoll, -e** deposition, record of court proceedings die **Schreiberei, -en** written record das **Gesetz, -e** law **sich befreien** to free oneself

was für Kram sonst whatever other nonsense (junk)

belasten to bog down, to encumber **richten** to make (judicial) decisions, to adjudicate **ohne Rücksicht auf** (+ *acc.*) without regard to **lumpig** *lit.:* ragged, shabby; *here:* scandalous, terrible, awful

das **Gesetzbuch, ¨er** law book der **Paragraph, -en, -en** legal paragraph, section of a law

der **Kalbsnierenbraten** roast loin of veal die **Artischocke, -n** artichoke **wohltemperiert** at the proper temperature

danach afterward, followed by das **Hähnchen** chicken

auf provenzalische Art *à la Provençal*

funkeln to shine

ehrenhaft honorable

vorhin before, earlier

stimmt das wirklich? is that really true?

Hand aufs Herz? Cross your heart?

vielmehr rather **vergiften** to poison

TRAPS Vor acht Monaten.

STAATSANWALT Nachdem Sie seinen Posten erhalten haben?

TRAPS Kurz vorher.

STAATSANWALT Ei, und woran ist er denn gestorben?

TRAPS Eine Herzgeschichte.

STAATSANWALT Schön. Wie alt ist der Verewigte geworden, lieber Herr Traps?

TRAPS Zweiundfünfzig.

RICHTER Blutjung!

VERTEIDIGER Und das alles gestehen Sie mit der größten Seelenruhe?

TRAPS Keine Bange, mein lieber Herr Verteidiger. Wenn erst einmal das Verhör beginnt, werde ich auf der Hut sein.

VERTEIDIGER Unglücksmensch! Was meinen Sie damit? Wenn einmal das Verhör beginnt!

TRAPS Nun? Hat es etwa schon begonnen?

RICHTER Er hat es nicht gemerkt, er hat es nicht gemerkt.

PILET Fein.

TRAPS Meine Herren, verzeihen Sie, ich dachte mir das Spiel feierlicher, würdiger, förmlicher, mehr Gerichtssaal.

RICHTER Liebster Herr Traps. Ihr bestürztes Gesicht eben war nicht zu bezahlen. Unsere Art Gericht zu halten, kommt Ihnen fremd und allzu munter vor, sehe ich, doch, Wertgeschätzter, wir vier an diesem Tisch sind pensioniert und haben uns vom unnötigen Wust der Formeln, Protokolle, Schreibereien, Gesetze befreit, und was für Kram sonst noch unsere Gerichtssäle belastet. Wir richten ohne Rücksicht auf die lumpigen Gesetzbücher und Paragraphen. . . .

(*Ausblenden*)

ERZÄHLER Kalbsnierenbraten, Artischocken und ein wohltemperierter St. Julien Medoc 1927—danach Hähnchen auf provenzalische Art und ein Château Pavie 1921, der dunkel in den Gläsern funkelt. . . .

STAATSANWALT Eine Frage, liebster und ehrenhaftester Angeklagter, eine Frage: Sie erzählten uns vorhin, Herr Gygax sei an einer Herzgeschichte gestorben, stimmt das wirklich?

TRAPS Wirklich, Herr Staatsanwalt.

STAATSANWALT Hand aufs Herz?

TRAPS Aber ja.

STAATSANWALT Haben Sie denn Gygax nicht vielmehr vergiftet?

nichts dergleichen nothing like that
erschossen: *past part. of* **erschießen*** to shoot (and kill)

der **Autounfall** car accident
die **Falle** trap
Pech *lit.:* bad luck; no such luck **ausgesprochen** indeed
der **Herzinfarkt** heart attack, coronary **nicht einmal** not even
erlitt: *past of* **erleiden*** to suffer **erwischen** to catch, to get
der **Gauner** rascal **ich weiß es bestimmt** I know for sure

um Himmels willen for heaven's sake
übertreffen* to surpass
die **Erwartung, -en** expectation
verheimlichen to keep secret **die Wahrheit sagen, und bei der Wahrheit bleiben*** to tell the truth and stick to it **mit Frau G. nämlich habe ich was gehabt** I had something (going) with Mrs. G. (*i.e.,* I had an affair with her)

auf Reisen sein* to be away (on business trips)
gutgebaut well-built, shapely **lecker** delicious, appetizing **aufs grausamste** most cruelly
vernachlässigen to neglect **den Tröster ab·geben*** to play the comforter
Wie es eben . . . und . . . der Welt ist. That's the way it is and that's the way the world turns.
das **Geständnis** confession

der **Unverstand** stupidity, ignorance
was gibt es da zu lachen? what is there to laugh about?
er kommt nicht drauf he doesn't get it
mit jemandem befreundet sein* to be friendly (friends) with someone

Achtung! watch out! be careful! **eine entscheidende Frage** a key question
Gygaxens *Gygax': von Gygax*
brav good die **Witwe** widow
jemanden in Verruf bringen* to give someone a bad name
reingefallen! *lit.:* you stepped right into it; trapped!
das **Todesurteil** death sentence

der **Käse** cheese
dazu along with them (the cheeses) die **Flasche** bottle
das **Kerzenlicht** candlelight **zur inneren Sammlung** for concentration, composure
der **Einfluß** influence
allgemein general die **Ergriffenheit** *lit.:* emotion; *here:* mellowness
aufblühend burgeoning, increasing, growing die **Freundschaft** *here:* friendliness and familiarity

TRAPS Nein, nichts dergleichen.

STAATSANWALT Nun, sagen wir: erschossen?

TRAPS Auch nicht.

STAATSANWALT Einen Autounfall arrangiert?

VERTEIDIGER Aufpassen! Das ist eine Falle!

TRAPS Pech, Herr Staatsanwalt, ausgesprochen. Gygax starb an einem Herzinfarkt, und es war nicht einmal der erste, den er erlitt, schon Jahre vorher erwischte es den alten Gauner, ich weiß es bestimmt.

STAATSANWALT Ei, und von wem denn?

TRAPS Von seiner Frau, Herr Staatsanwalt.

STAATSANWALT Von seiner Frau?

VERTEIDIGER Aufpassen, um Himmels willen.

TRAPS Meine Herren, dieser Château Pavie 1921 übertrifft meine Erwartungen. Doch damit das hohe Gericht nicht etwa glaubt, ich verheimliche was, will ich die Wahrheit sagen und bei der Wahrheit bleiben. Mit Frau Gygax nämlich habe ich was gehabt. Nun ja, der alte Gangster ist oft auf Reisen gewesen und hat sein gutgebautes und leckeres Frauchen aufs grausamste vernachlässigt, da mußte ich hin und wieder den Tröster abgeben. Wie es eben so kommt und wie es der Lauf der Welt ist.

RICHTER Ein Geständnis, ein Geständnis.

PILET Fein.

VERTEIDIGER So ein Unverstand!

TRAPS Meine Herren, was gibt es da zu lachen?

RICHTER Er kommt nicht drauf, er kommt nicht drauf.

STAATSANWALT Herr Traps, sind Sie immer noch mit Frau Gygax befreundet?

VERTEIDIGER Achtung! Das ist eine entscheidende Frage.

TRAPS Seit dem Tode Gygaxens habe ich das Frauchen nicht mehr besucht. Ich wollte die brave Witwe schließlich nicht in Verruf bringen.

VERTEIDIGER Reingefallen! Natürlich.

PILET Es kommt zum Todesurteil, es kommt zum Todesurteil.

(*Ausblenden*)

ERZÄHLER Käse! Camembert, Brie, Emmentaler, Gruyère, Tête de Moine, Limburger, Gorgonzola—dazu eine Flasche Château Margaux 1914. Kerzenlicht zur inneren Sammlung—unter dem Einfluß der zweiten Flasche Château Margaux 1914 allgemeine Ergriffenheit und aufblühende Freundschaft. . . .

jedoch but, however **freudig** joyous, happy
das **Ereignis** event, occasion
verehrt honored der **Täter** doer, culprit **gratulieren** (+ *dat.*) to congratulate
entdecken to uncover
Gerechtigkeit walten lassen* to let justice prevail **auf ein besonderes Wohl (auf Ihr Wohl)** let's drink a special toast (to your health, well-being)
bescheiden modest
wohlmeinend benevolent, well-meaning das **Geschick** fate, destiny

Es lebe die Gerechtigkeit! Long live justice!

der **Trinkspruch** toast **die Tat würdigen** to evaluate the deed
daß . . . Freund ein Mord nachzurühmen ist that our friend is to be credited with a murder
gewöhnlich common
virtuos skillful **ohne Blutvergießen** without bloodshed
das **Mittel** *lit.:* means; *here:* instrument, weapon das **Gift** poison **. . . und dergleichen** . . . and such
durch·führen to carry out, execute

die **Ahnung** inkling, suspicion der **Umstand** circumstance, situation **ist zu verdanken gewesen** was thanks to
der **Generalvertreter** salesman, general agent

herum·fahren* to drive around
Da müßte es aber im Lande nur so von Mördern wimmeln! Then the whole country must be swarming with murderers!

übernommen (*aux.* **hat** *understood*) took over **verdrängen** to push aside, get rid of
die **Tatsache, -n** fact
der **Beweis, -e** evidence, proof das **Moment, -e** *here:* (*pl.*) individual points, bits and pieces **jener, jene, jenes** that
das **Gefühl** feeling **bestärken, fundieren** to support, strengthen, reinforce der **Verdacht** suspicion **logisch unterbaut** based on logic
hoch·kommen* to surface, emerge **erfahren*** to find out, learn
sagenhaft legendary
ein **Bild entwerfen*** to draw up, sketch a picture der **Verstorbene** (*adj. noun*) dead man
der **Kunststoff** synthetic fiber **aufs Ganze gehen*** to go to one's limit
der **Untergebene** (*adj. noun*) subordinate **rücksichtslos** with no consideration, ruthlessly **aus·nutzen** to take advantage of das **Geschäft, -e** business deal
wenn auch even if
bedenklich dubious

das stimmt that's right, that's true **vollendet getroffen** perfectly described
weiter further, in addition **schließen*** to conclude **gegen außen** with regard to the outside world
der **Robuste** (*adj. noun*) the heavy der **Kraftmeier** the strong man **erfolgreich** successful
der **Geschäftsmann** businessman **jeder Situation gewachsen** equal to any situation
weshalb (which is) why
aufs sorgsamste most carefully **geheim·halten*** to keep secret
vermuten to suppose, assume, suspect die **Treue** faithfulness
überzeugt von convinced of **der Meinung** (*gen.*) **sein*** to be of the opinion, to think

STAATSANWALT Eins darf jedoch gesagt werden: Es ist ein freudiges Ereignis. Und so darf ich denn vor allem unserem lieben und verehrten Täter gratulieren, ist es doch ohne Täter nicht gut möglich, einen Mord zu entdecken, Gerechtigkeit walten zu lassen. Auf ein besonderes Wohl denn dem bescheidenen Alfredo Traps, den ein wohlmeinendes Geschick in unsere Mitte brachte.

TRAPS Es lebe die Gerechtigkeit!

DIE ANDERN Es lebe die Gerechtigkeit!

STAATSANWALT Laßt mich denn nach diesem Trinkspruch die Tat würdigen. Wie entdeckte ich, daß unserem lieben Freund ein Mord nachzurühmen ist, und nicht nur ein gewöhnlicher Mord, nein ein virtuoser Mord, der ohne Blutvergießen, ohne Mittel wie Gift, Pistolen und dergleichen durchgeführt worden ist?

TRAPS Oho!

STAATSANWALT Die erste Ahnung ist dem Umstand zu verdanken gewesen, daß unser Generalvertreter noch vor einem Jahr einen alten Citroën fuhr und jetzt mit einem Studebaker herumfährt.

TRAPS Da müßte es aber im Lande nur so von Mördern wimmeln!

STAATSANWALT Daß nun unser lieber Freund den Posten seines Chefs übernommen, daß er den Chef verdrängen mußte, daß der Chef gestorben ist, all diese Tatsachen waren noch keine Beweise, sondern erst Momente, die jenes Gefühl bestärkten, fundierten. Verdacht, logisch unterbaut, kam erst hoch, als zu erfahren war, woran dieser sagenhafte Chef starb: an einem Herzinfarkt.

Entwerfen wir ein Bild des Verstorbenen. Herr Gygax war der Generalvertreter des Hephaiston-Kunststoffes. Ein Mensch, der aufs Ganze ging, seine Untergebenen rücksichtslos ausnutzte, der Geschäfte zu machen verstand, wenn auch die Mittel, mit denen er diese Geschäfte machte, oft mehr als bedenklich waren.

TRAPS Das stimmt, der Gauner ist vollendet getroffen.

STAATSANWALT Weiter dürfen wir schließen, daß Herr Gygax gegen außen gern den Robusten, den Kraftmeier, den erfolgreichen Geschäftsmann spielte, jeder Situation gewachsen, weshalb er denn auch die schwere Herzkrankheit aufs sorgsamste geheimhielt. Und wir dürfen vermuten, daß er von der Treue seiner Frau überzeugt und der Meinung war, eine so außergewöhn-

außergewöhnlich extraordinary die **Erscheinung** phenomenon
das **Mannsbild** *der Mann* die **Gattin** wife
der **Ehebruch** adultery **(ihr) sei nie . . . der Gedanke . . . gekommen** the thought never occurred to her
der **Schlag** blow
die **Untreue** unfaithfulness

überrascht surprised
drauflos reden to say the first thing that pops into your head
um Gottes willen for God's sake
der **Sünder** *lit.:* sinner; *here:* devil **gestehen*** to confess, to admit

dazu to (do) that (*i.e.,* to confess) **sich fürchten vor** (+ *dat.*) to be afraid of **zu gewaltig** *lit.:* too violently; *here:* too much
dahinter·kommen* to figure something out
dazu for that (*i.e.,* for figuring it out) **eingebildet** vain, conceited

jemanden auf etwas aufmerksam machen to point out, to bring something to someone's attention
eine Frage beantworten to answer a question

zugegeben conceded (*i.e.,* I concede the point.)
das **Gericht (Hohes Gericht)** court (*equivalent of* Your Honor) der **Scharfsinn** acuity, cleverness, intelligence
verdienen to deserve das **Entgegenkommen** cooperation, help
die **Wahrheit** truth
orientieren to inform
jemanden überreden zu (+ *inf. clause*) to persuade, convince someone to do something (*here:* to inform Gygax of his wife's affair with Traps) die **Heimlichkeit, -en** secret
das **Verhältnis** affair, relationship
homerisches Gelächter Homeric laughter (*i.e.,* epic in scale)
wunderschön beautiful, lovely

was haben Sie? what's gotten into you?

gestatten (+ *dat.*) to allow, permit **vor Vergnügen** with pleasure
klettern auf (+ *acc.*) to climb up on **erhöht** in a heightened fashion, elevated **eine Rede fort·setzen** to continue a speech
betrachten to consider der **Mörder** murderer
der **Krieg** war
das **Patent** license, permit **illegitim** illegal die **Textilware** textile goods
der **Schwarzhändler** dealer on the black market, black marketeer
sich verbessern to better oneself **sich ein·nisten** to settle, find a nest (*i.e.,* secure position)
der **Ast, ¨e** branch, tree limb **aus·ruhen** to rest, relax, to rest on one's laurels **erklettern** (+ *d.o.*) to climb
dem Gipfel zu toward the peak, top (of the tree)
die **Frucht, ¨e** fruit
zu·geben* to admit
Das war leichter beschlossen als getan. That was easier said than done.

liche Erscheinung zu sein und ein so exzeptionelles Mannsbild, daß seiner Gattin nie auch nur der Gedanke an einen Ehebruch gekommen sei, weshalb es denn für ihn ein harter Schlag gewesen sein müßte, hätte er von der Untreue seiner Frau erfahren.

TRAPS War es auch!

STAATSANWALT (*Überrascht*) War es auch?

VERTEIDIGER (*Leise*) Reden Sie doch nicht immer einfach drauflos, um Gottes willen!

STAATSANWALT Wie erfuhr er denn davon, der alte Sünder? Gestand ihm sein leckeres Frauchen?

TRAPS Dazu fürchtete sie sich vor dem Gangster zu gewaltig.

STAATSANWALT Kam Gygax selber dahinter?

TRAPS Dazu war er zu eingebildet.

STAATSANWALT Gestandest etwa du, mein lieber Freund und Don Juan?

VERTEIDIGER Ich mache Herrn Traps darauf aufmerksam, daß diese Frage nicht beantwortet werden muß.

RICHTER Natürlich braucht dies Traps nicht.

STAATSANWALT Zugegeben.

TRAPS Hohes Gericht. Der Scharfsinn des Herrn Staatsanwalt verdient Entgegenkommen. Ich fürchte mich vor der Wahrheit nicht. Ich gebe zu, daß einer meiner Freunde Gygax orientierte und daß ich meinen Freund dazu überredet hatte. Ich liebe keine Heimlichkeiten, hier nicht und damals nicht, als ich jenes Verhältnis mit der Käthi hatte.

(*Zuerst Stille, dann homerisches Gelächter*)

STAATSANWALT Ein Geständnis, ein wunderschönes Geständnis.

PILET Fein.

VERTEIDIGER Zu dumm, einfach zu dumm.

TRAPS Aber was haben Sie denn, meine Herren? Sie tanzen ja wie wild im Zimmer herum!

STAATSANWALT Meine Herren, gestatten Sie mir, daß ich vor Vergnügen auf den Stuhl klettere, um erhöht meine Rede fortzusetzen. Betrachten wir den verehrten Mörder. Noch im Kriege war er Hausierer gewesen, nicht einmal das, ohne Patent, ein Vagabund mit illegitimer Textilware, ein kleiner Schwarzhändler, und nun hatte er sich verbessert, in ein Geschäft eingenistet, doch wer ruht auf dem Aste aus, der endlich erklettert ist, wenn über ihm dem Gipfel zu, poetisch gesagt, sich weitere Äste mit noch besseren Früchten zeigen?

TRAPS Genauso war es, genauso. Das geb' ich zu.

STAATSANWALT Das war leichter beschlossen als getan. Unser lieber

geschäftlich in a businesslike manner **vor·gehen*** to proceed
auf die Idee kommen* (+ *inf. clause*) to hit upon the idea (of . . .) **einen Weg ein·schlagen*** to take a route

das **Verhältnis** affair
der **Augenblick** moment
der **Lieferant, -en** supplier **mollig** comfortably plump, soft; agreeably plump
die Schlinge zu·ziehen* to tighten the noose
staunen to look surprised
das **Verhängnis** fate, destiny
heim·fahren* to drive home
wuterfüllt filled with anger, enraged der **Schweißausbruch** *lit.:* sweat outbreak; *i.e.,* covered with sweat
der **Schmerz, -en** pain die **Herzgegend** area around one's heart **Schmerzen in der Herzgegend** chest pains **zitternd** trembling
mühsam slow, difficult der **Gang** walk der **Zusammenbruch** collapse
jemandem entgegen·treten* to walk toward someone
schuld an etwas (*dat.*) **sein*** to be guilty of something
es ging nicht mehr lange it didn't last (take) much longer
hinüber gone, passed on (*i.e.,* dead) **endgültig** finally **unwichtig** insignificant
das Röcheln death rattle das **Aufschluchzen** sob **im Kreise** (+ *gen.*) surrounded by
das Telephon ab·nehmen to take the phone off the hook, to pick up the telephone

fürchterlich awful
die **Bestürzung** surprise, shock der **Jubel** joy, jubilation **Es-ist-erreicht Stimmung (erreichen,** *to accomplish***)** (an) "I've made it" mood
der **Vorgang, ⸚e** event
zusammen·fassen to summarize **den Strafantrag stellen** to ask for the appropriate punishment
ermorden to murder

handeln to act, proceed **böswillig** evil der **Vorsatz** intention **mit böswilligem Vorsatz** with malice aforethought
im klaren Bewußtsein in full awareness **jemanden tödlich treffen*** to deal someone a fatal blow

das **Schweigen** silence
gefährlich krank dangerously ill
die **Aufregung** excitement **mächtig** strong, powerful
die **Gemütsbewegung** emotion **töten** to kill, murder
vorhin a while ago, before, previously **sich aus·drücken** to express oneself

merkwürdig odd, strange **weshalb** why, for what reason
der **Fehltritt** *lit.:* misstep; *here:* indiscretion die **Gemahlin** *die Gattin, die Frau*
unsicher unsure (of himself)
die **Heimlichkeit, -en** secret **vertragen*** to tolerate
freuen to please, make happy der **Charakterzug** character trait

Freund ging zuerst geschäftlich vor. Doch dann kam er auf die Idee, noch einen anderen Weg einzuschlagen.

TRAPS Einen anderen Weg?

STAATSANWALT Er begann mit Frau Gygax ein Verhältnis. Es kam der Augenblick, wo er alles in der Hand hatte, Geschäftspartner, Lieferanten, die mollige Frau in den Nächten, und so zog er die Schlinge zu.

TRAPS (*Langsam staunend*) Und so zog ich die Schlinge zu?

STAATSANWALT Es kam das Verhängnis, die Stunde, da Gygax alles erfuhr. Noch konnte der alte Gangster heimfahren, wuterfüllt, schon im Wagen Schweißausbruch, Schmerzen in der Herzgegend, zitternde Hände, mühsamer Gang von der Garage zur Haustür, Zusammenbruch, noch im Korridor vielleicht, wie ihm die Gattin entgegentrat.

TRAPS (*Leise*) Aber ich bin doch daran nicht schuld!

STAATSANWALT Es ging nicht mehr lange, der Arzt gab noch Morphium, dann hinüber, endgültig, noch ein unwichtiges Röcheln, Aufschluchzen, Traps zu Hause im Kreise seiner Gattin, seiner vier Kinder, nimmt das Telephon ab.

TRAPS Fürchterlich, so ist es ja gewesen.

STAATSANWALT Bestürzung, innerer Jubel, Es-ist-erreicht Stimmung, drei Wochen später Studebaker. Dies die Vorgänge. Ich fasse zusammen, stelle den Strafantrag.

TRAPS Mein Gott, was soll ich denn getan haben?

STAATSANWALT Herr Gygax ist systematisch ermordet worden.

TRAPS Systematisch?

STAATSANWALT Freund Alfredo handelte mit böswilligem Vorsatz, im klaren Bewußtsein, daß ein Ehebruch Gygax tödlich treffen konnte.

TRAPS Das wußte ich doch nicht.

(*Schweigen*)

STAATSANWALT Ach? Sie wußten nicht, daß Gygax krank war, gefährlich krank, daß eine große Aufregung, eine mächtige Gemütsbewegung ihn töten konnte?

TRAPS Ich habe mich vorhin schlecht ausgedrückt. Ich wollte sagen, daß mein Verhältnis mit seiner Frau nichts mit seiner schweren Krankheit zu tun hatte.

STAATSANWALT Merkwürdig. Weshalb ließen Sie dann Herrn Gygax über den Fehltritt seiner Gemahlin informieren?

TRAPS (*Unsicher*) Das sagte ich doch schon: weil ich keine Heimlichkeiten vertrage.

STAATSANWALT Das freut mich. Ein wirklich positiver Charakterzug,

die **Ehe** marriage **zerstören** to destroy
begreifen* *verstehen**

das **Schweigen** silence

sonderbar odd, strange

entschlossen decisively
unbedingt wissen wollen to really want to know

aus Leidenschaft out of passion
die **Flamme, -n** flame
die **Geliebte** (*adj. noun*) beloved (*fem.*)
verzweifelt desperate, in despair

geschah: *past of* **geschehen** to happen **schädigen** to harm, hurt
vorwärts·kommen* to get ahead **koste es, was es wolle** *lit.:* let it cost what it will; whatever the cost, at any cost

stockend hesitating, reluctant **ein·sehen*** *verstehen**
es liegt . . . vor here we have . . .
auf eine derart raffinierte Weise in such a clever way **aus·führen** to carry out
außer (+ *dat.*) except for, aside from **scheinbar** apparently **gesetzwidrig** illegal
passieren to occur **weshalb** (that's) why
der **Schein** appearance, illusion
die Ehre haben* to have the honor **damit** with this
zum Schluß kommen* to conclude die **Todesstrafe** death penalty
fordern to ask, demand
wie erwachend as if awakening

der **Mokka** Turkish coffee das **Täßchen, —** demitasse
bauchig *lit.:* belly-shaped, rounded **bauchige Gläser** brandy snifters **prächtig** magnificent, splendid die **Makronentorte** macaroon torte

liebster Freund Alfredo. Was sagte denn Frau Traps dazu?

TRAPS Meine Frau?

STAATSANWALT Haben Sie Ihre Gemahlin auch informieren lassen— da Sie ja keine Heimlichkeiten vertragen?

TRAPS Ich—ich habe doch Kinder, Herr Staatsanwalt, ich kann doch meine Ehe nicht zerstören, das müssen Sie begreifen.

STAATSANWALT Aber natürlich, lieber Traps. Dann hat Frau Gygax also keine Kinder?

(*Schweigen*)

STAATSANWALT Nun?

TRAPS (*Leise*) Doch. Auch.

STAATSANWALT Auch. Sonderbar. Aber ihre Ehe durfte zerstört werden?

(*Schweigen*)

TRAPS (*Entschlossen*) Nun gut. Wenn der Herr Staatsanwalt es unbedingt wissen will: ich wollte ihre Ehe zerstören.

STAATSANWALT Ach.

TRAPS Aus Leidenschaft. Weil ich Frau Gygax liebe.

STAATSANWALT Verstehe. Casanova in Flammen. Doch warum besuchen Sie jetzt Ihre Geliebte nicht mehr?

TRAPS (*Verzweifelt*) Herr Verteidiger!

STAATSANWALT Der wird nachher schon noch reden. Antworten Sie lieber auf meine Frage.

TRAPS Es geschah—ich wollte ihn schädigen. Ich mußte doch im Geschäft vorwärtskommen. Koste es, was es wolle.

STAATSANWALT Gygax ist tot. Also haben Sie ihn getötet.

TRAPS Na ja—indirekt schon.

STAATSANWALT Sind Sie nun ein Mörder oder nicht?

TRAPS (*Stockend*) Ich sehe es ein—Ich bin ein Mörder.

STAATSANWALT Der Angeklagte gesteht. Es liegt ein psychologischer Mord vor, auf eine derart raffinierte Weise ausgeführt, daß außer einem Ehebruch scheinbar nichts Gesetzwidriges passierte, scheinbar, weshalb denn, da dieser Schein nun zerstört ist, ich als Staatsanwalt unseres privaten Gerichts die Ehre habe—und damit komme ich zum Schluß, die Todesstrafe für Alfredo Traps zu fordern.

TRAPS (*Wie erwachend*) Ich habe getötet . . .

(*Ausblenden*)

ERZÄHLER Mokka aus feinen Täßchen, Cognac von 1893 in großen bauchigen Gläsern, eine prächtige Makron-

die **Krönung** *lit.:* crowning, coronation; *here:* high point das **Plädoyer** pleas (of the defense attorney); summation
mit Eifer zealously die **Tat** action, deed
bürgerlich bourgeois
alltäglich everyday **zurück·verwandeln** to change back

der **Verbrecher** criminal das **Opfer** victim **an·sehen*** to regard, consider

Das ändert . . . nichts daran, daß . . . That doesn't change the fact that . . .

das **Beispiel** example **jemanden zur Schuld unfähig bezeichnen** to label someone as incapable of being guilty
behaupten to assert, claim
schuldlos guiltless, free of guilt **im Gegenteil** on the contrary
vielmehr rather **verstrickt** entangled die **Art, -en** kind, sort
ehebrücheln to dabble in adultery **schwindeln** to swindle **sich durchs Leben gaunern** to cheat one's way through life

bestände aus: *subjunctive II of* **bestehen aus** to be made up of

durchaus indeed

die **Tugend, -en** virtue der **Ehrenmann** honorable man **nehmt alles nur in allem** everything considered

angesäuert *lit.:* soured; *here:* contaminated **verdorben** spoiled

das **Durchschnittsleben** average life, life of every man der **Fall** case

das **Gesetz, -e** law **unterworfen** (+ *dat.*) subject to

der **Höhepunkt** high point, climax **erreichen** to reach die **Kerze, -n** candle **niedergebrannt** burned down, burned low
die **Ahnung** inkling, indication, sign **fern** far away, in the distance
der **Sonnenaufgang** sunrise die **Frische** cool (air), freshness der **Tau** dew **erheben*** to raise, lift
das Urteil fällen to pass sentence, to pronounce judgment

die **Waffe** weapon die **Gedankenlosigkeit** thoughtlessness

drücken to press, push **vor·gehen*** to proceed **geschehe, was da wolle** happen what may

durch·brausen to race through

hinein·leuchten to shine into **rein** pure, clean der **Strahl** beam, ray

seltsam strange, odd der **Zug, ⸚e** *here:* characteristic, feature
verkehrt perverse
schrullig funny (peculiar)

entorte zur Krönung des Abends—und das Plädoyer des Verteidigers. Mit Eifer versucht er, die Tat des Alfredo Traps in etwas Gewöhnliches, Bürgerliches, Alltägliches zurückzuverwandeln.

VERTEIDIGER ... so daß denn unser guter Traps eben nicht als ein Verbrecher, sondern als ein Opfer unserer Zeit anzusehen ist.

TRAPS Das ändert doch nichts daran, daß ich ein Mörder bin!

VERTEIDIGER Traps ist ein Beispiel für viele. Wenn ich ihn zur Schuld unfähig bezeichne, so will ich damit nicht behaupten, daß er schuldlos sei: im Gegenteil. Er ist vielmehr verstrickt in alle möglichen Arten von Schuld. Er ehebrüchelt, schwindelt, gaunert sich durchs Leben, aber nicht etwa so, daß sein Leben nur aus Ehebruch, Schwindel und Gaunerei bestände, nein, er hat auch seine guten Seiten, durchaus, seine Tugenden, er ist ein Ehrenmann, nehmt alles nur in allem, nur ist er von Unkorrektem, Schuldigem wie angesäuert, leicht verdorben, wie dies eben bei jedem Durchschnittsleben der Fall ist. Natürlich hat mein Klient rücksichtslos gehandelt, doch er ist nun eben den Gesetzen des Geschäftslebens unterworfen, natürlich hat er oft seinen Chef töten wollen, was denken wir nicht alles, was tun wir nicht alles in Gedanken. . . .

(*Ausblenden*)

ERZÄHLER Champagner Veuve Cliquot. Der Abend hat seinen Höhepunkt erreicht. Die Kerzen niedergebrannt, draußen die erste Ahnung vom Morgen, von fernem Sonnenaufgang, Frische und Tau. Der Richter erhebt sein Glas und fällt das Urteil über Alfredo Traps.

RICHTER Du hast gemordet, Alfredo Traps, nicht mit einer Waffe, nein, allein durch die Gedankenlosigkeit der Welt, in der du lebst. Du hast getötet, allein dadurch, daß es dir das Natürlichste war, jemand an die Wand zu drücken, rücksichtslos vorzugehen, geschehe, was da wolle. In der Welt, die du mit deinem Studebaker durchbrausest, wäre dir nichts geschehen, aber nun bist du zu uns gekommen, in unsere stille, weiße, kleine Villa, zu vier alten Männern, die in deine Welt hineingeleuchtet haben mit dem reinen Strahl der Gerechtigkeit. Sie trägt seltsame Züge, unsere Gerechtigkeit, ich weiß, ich weiß, es ist eine verkehrte, groteske, schrullige, pensionierte Gerechtigkeit, aber

zum Tode verurteilen to condemn, sentence to death

leise softly **gerührt** moved, touched, filled with emotion

der **Henker** hangman, executioner **führen** to take, lead der **Verurteilte** (*adj. noun*) condemned man

der **Glatzköpfige** (*adj. noun*) the bald-headed man der **Schweigende** (*adj. noun*) the silent man
tüchtig proficient, capable, hardworking das **Fach** field, area of competence
auf dem laufenden current, up to date die **halsabschneiderische Kunst (den Hals ab·schneiden,*** *to behead*) the headsman's art
schieben* to push
den vor Reue und Angst schlotternden Traps (*extended modifier*) Traps, trembling with remorse and fear
die Treppe hinauf up the stairs
die **Türe** *die Tür* **knarren** to creak (open)
fließendes Wasser running water **breit** wide
nötig necessary
die **Staffelei** easel

das **Fallbeil** blade **hoch·ziehen*** to raise
scharf geschliffen (*from* **schleifen,*** *to sharpen*) honed to a fine edge

parat ready

der **Kragen** collar

zittern to tremble, shake
der Grund dazu reason for it (shaking)
der **Spaß** fun, joke

auch als solche eben die Gerechtigkeit, in deren Namen ich nun, mein armer lieber Alfredo, dich zum Tode verurteile.

TRAPS (*Leise / gerührt*) Hohes Gericht, ich danke. Ich danke von ganzem Herzen.

RICHTER Henker, führen Sie den Verurteilten in das Zimmer für die zum Tode Verurteilten.

PILET Fein.

(*Ausblenden*)

ERZÄHLER Und Herr Pilet, der Glatzköpfige, Schweigende, einer der tüchtigsten seines Fachs, immer noch auf dem laufenden in der halsabschneiderischen Kunst, obwohl seit 20 Jahren pensioniert, schiebt und zieht den vor Reue und Angst schlotternden Traps die Treppe hinauf.

(*Eine Türe knarrt*)

PILET Fließendes Wasser, ein breites Bett, fein.

TRAPS Das ist alles nicht mehr nötig. Was ist denn dies für eine Staffelei?

PILET Staffelei? Das ist doch die Guillotine.

TRAPS Die—die Guillotine.

PILET Fein. Ziehe nun das Fallbeil hoch. Fühlen Sie mal. Scharf geschliffen. So, nun ist sie parat, ging aber schwer.

TRAPS Pa—parat.

PILET Fein. Ziehen Sie den Rock aus.

TRAPS Verstehe. Das muß ja sein.

PILET Helfe Ihnen. Nun öffnen wir den Kragen.

TRAPS Danke—ich kann es schon selber.

PILET Sie zittern ja.

TRAPS Habe schließlich auch allen Grund dazu. Ist schließlich kein Spaß, das Ganze.

PILET Haben eben zuviel getrunken. So jetzt ist der Kragen offen.

TRAPS Ich habe nichts mehr zu sagen. Ich bin schließlich ein Mörder. Machen Sie schnell.

PILET Fein.

TRAPS Ich bin bereit—

PILET Und die Schuhe?

TRAPS Die Schuhe?

PILET Wollen Sie denn nicht die Schuhe ausziehen?

TRAPS Das ist doch nicht nötig.

PILET Na, hören Sie mal! Sie sind aber ein feiner Herr. Wollen Sie denn mit den Schuhen ins Bett?

sich hin·legen to lie down

zu·decken to cover up

hin·richten to execute
aus·löschen to extinguish, to put out

der **Fehler** defect die **Kupplung** clutch

läßt Abend und Reue vergangen sein forgets the evening and his remorse

zurück·sausen to rush back

der **Dschungel** jungle das **Geschäftsleben** business world

die **Schlagermusik** pop music

komisches Zeug nonsense (*lit.:* funny stuff)

Was war denn eigentlich los? What was really going on? **So was wie eine Gerichtsverhandlung.** Something like a trial.
sich ein·bilden to imagine **einen Mord begehen*** to commit a murder
der **Unsinn** nonsense **Ausgerechnet ich.** Why me?
Kann keinem Tierchen was zuleide tun. *lit.:* (I) can harm no small animal; I couldn't hurt a flea. **auf was die Leute kommen** what people think of

vorbei (it's) past, over die **Sorge, -n** concern, worry

dieser Wildholz this (guy) Wildholz **Rieche den Braten!** I'm onto him!

ab·kippen to rake off

Junge! Junge! man oh man!

jemandem den Hals um·drehen to wring someone's neck **unnachsichtlich** *rücksichtslos*

TRAPS Ins Bett?

PILET Wollen Sie denn nicht schlafen?

TRAPS Schlafen?

PILET Fein. So nun legen Sie sich mal hin.

TRAPS Aber—

PILET So, nun decke ich Sie zu. Fein.

TRAPS Aber ich bin doch ein Mörder, Herr Pilet, ich muß doch hingerichtet werden, Herr Pilet, ich muß doch— nun ist er gegangen— hat das Licht ausgelöscht. Ich bin doch ein Mör— ich bin doch ein— ich bin doch— ich bin doch müde, alles ist ja schließlich nur ein Spiel, ein Spiel, ein Spiel! (*Er schläft ein*)

(*Ausblenden*)

ERZÄHLER Am nächsten Morgen. Der hellrote Studebaker ist repariert. Fehler in der Kupplung. Alfredo Traps, Textilreisender, 45, verheiratet, vier Kinder, läßt Abend und Reue vergangen sein und saust zurück—zurück in den Dschungel des Geschäftslebens.

(*Leise Schlagermusik*)

TRAPS Muß komisches Zeug zusammengeredet haben letzte Nacht. Was war denn eigentlich los? So was wie eine Gerichtsverhandlung. Bildete mir ein, einen Mord begangen zu haben. So ein Unsinn. Ausgerechnet ich. Kann ja keinem Tierchen was zuleide tun. Auf was die Leute kommen, wenn sie pensioniert sind. Na, vorbei. Man hat andere Sorgen, wenn man so mitten im Geschäftsleben steht. Dieser Wildholz! Rieche den Braten! Fünf Prozent will der abkippen, fünf Prozent. Junge, Junge! Rücksichtslos gehe ich nun vor, rücksichtslos. Dem drehe ich den Hals um! Unnachsichtlich!

Übungen

TEIL 1 (Seite 5–S. 9, Zeile 26)

Als erstes, erzählen Sie die Geschichte von Alfredo Traps nach (**nach·erzählen,** *to retell*). Die folgende Gliederung (*outline*) wird Ihnen dabei helfen.

I. *Was erfahren wir vom Erzähler über Alfredo Traps?*

Beruf
Alter
Familie
Auto

II. *Wie kommt es, daß Traps zu Herrn Werge geschickt wird?*

A. Studebaker / streiken / in / klein- / Dorf
Traps[1] / finden / Reparaturwerkstätte / in / Nähe

B. Traps / müssen / suchen / Zimmer
all- / Zimmer / in / Gasthof / belegt
Wirt / schicken / Traps / zu / Herr Werge

III. *Beschreiben Sie Herrn Werge und seine kauzigen Freunde.*

A. Beruf
Alter

B. Werge / willkommenheißen / Traps / herzlich
es / sein // als ob / Werge / warten / ganz- / Tag / Traps (*2nd clause—subjunctive II, past*)
Werge / einladen / Traps // mit ihnen / essen

IV. *Warum kommt Traps nicht sofort ins Zimmer, in dem er übernachten soll?*

zuerst / Traps / sollen / trinken / essen
dann / Traps / sollen / spielen / mit / alt- / Herren / Gericht

V. *Das Spiel der alten Herren*

A. Spiel / heißen / Gericht
alt- / Herren / spielen / alt- / Berufe
gewöhnlich / durchnehmen / berühmt- / historisch- / Prozesse
sie / vorladen / geschichtlich- / Persönlichkeiten

B. aber / sie / spielen / lieber / lebend- / Material
deshalb / sie / einladen / Traps // mitspielen

---

[1] When a name (or other noun) is repeated, you may want to use a pronoun to make the sentence flow more smoothly.

VI. *Inwiefern unterscheidet sich Traps' Rolle von den Rollen der alten Herren?* (**sich unterscheiden,** *to differ*)

Richter / Staatsanwalt / Verteidiger / müssen / kennen / Spielregeln
Angeklagt- / brauchen / kein- / Kenntnis / Materie
jed- / Stümper / sein / fähig // spielen / Angeklagt-

VII. *Warum ist Traps' Rolle doch nicht so unkompliziert?*

Traps / wissen / nicht // was für / Verbrechen / er / begehen
Staatsanwalt: Punkt / unwichtig // denn / man / können / immer / finden / Verbrechen

VIII. *Traps spielt freiwillig mit.*

Richter / betonen // Traps / mitspielen / freiwillig
Traps / stellen / alt- / Herren / zur Verfügung
Traps / in / kein- / Weise / gezwungen // mitspielen

TEIL 2 (S. 9, Z. 27–S. 15, Z. 38)

I. *Das Speisezimmer*

Speisezimmer / altmodisch eingerichtet (*furnished*)
an / Wände / dunkel / Bilder
Stimmung / gemütlich
Essen / vortrefflich

II. *Vor der eigentlichen Untersuchung (actual investigation)*

Staatsanwalt / hoffen // Traps / begehen / schön- / Mord
Verteidiger / protestieren // weil / Klient / begehen / kein / Verbrechen

III. *Traps' Leben vor der Autopanne*

A. Traps / 45 / Generalvertreter
Traps / haben / Panne / zum 1. Mal / seit / 1 Jahr
vor / 1 Jahr / Traps / fahren / noch / Citroën 1939

B. Traps / anfangen / in / Geschäft / von unten
vor / 10 Jahre / Traps / Hausierer
Traps / gehen / mit / Köfferchen / von Tür zu Tür

C. später / Traps / übernehmen / Alleinvertretung / von / Firma
zuerst / Traps / müssen / besiegen / Chef
Gygax / 52
vor / 8 Monate / Gygax / sterben / Herzgeschichte

D. Traps / bekommen / Posten // _____ (*rel. pron.*) / Gygax / haben / früher
jetzt / Traps / haben / lukrativ- / Posten / und / gesund- / Bankkonto
Traps / fahren / rotlackiert- / Studebaker

IV. *Wie Traps die Fragen des Staatsanwalts beantwortet*

Traps / gestehen / alles / mit / größt- / Seelenruhe // weil / Traps / glauben // Verhör / beginnen / noch nicht
Traps / denken // Spiel / sein / feierlicher (*2nd clause subj. II present*)

V. *Wie die alten Herren Gericht halten*

alt- / Herren / richten / ohne Rücksicht / auf / Gesetzbücher
pensioniert- / Herren / halten / Formeln / Protokolle / unnötig
dies- / Kram / belasten / Gerichtssaal

VI. *Wie der Staatsanwalt eine Falle stellt* (**eine Falle stellen,** *to set a trap*)

A. Staatsanwalt: Gygax / sterben / wirklich / Herzgeschichte?
oder ob Traps / vergiften / Gygax?
vielleicht / Traps / erschießen / Gygax // arrangieren / Autounfall

B. Verteidiger: Traps / sollen / aufpassen
Traps: Gygax / haben / Herzinfarkt / schon Jahre vorher

C. Traps / erfahren / das / von / Frau Gygax
Traps / wollen / sagen / Wahrheit // nämlich daß / Traps / haben / Verhältnis / mit Frau Gygax

VII. *Traps' Verhältnis mit Frau Gygax*

A. Gygax / oft / auf Reisen
Gygax / vernachlässigen / Frau
Traps / trösten / Frau Gygax / hin und wieder

B. aber / jetzt / Traps / mit / Frau Gygax / nicht mehr befreundet
Traps / besuchen / nicht mehr / Frau Gygax // weil / er / wollen / Frau / nicht / in Verruf bringen

TEIL 3 (S. 15, Z. 39–S. 23, Z. 43)

I. *Der Trinkspruch des Staatsanwalts*

Staatsanwalt / machen / Trinkspruch
Staatsanwalt / gratulieren / Traps
Traps / sein / Täter
es / sein / ohne Täter / unmöglich // entdecken / Mord

II. *Wie der Staatsanwalt den Mord sieht*

es / sein / virtuos- / Mord // _____ (*rel.*) / durchgeführt (*passive*) / ohne Blutvergießen / und / ohne Mittel wie . . .

III. *Wie der Staatsanwalt den Mord entdeckt*

Staatsanwalt / feststellen (*to ascertain*) // Traps / fahren / früher / alt- / Citroën
jetzt / Traps / fahren / Studebaker
Staatsanwalt / erfahren // Gygax / sterben
Traps / übernehmen / Posten
Tatsachen / bestärken / Gefühl // Traps / begehen / Mord

IV. *Gygax*

A. Gygax / Generalvertreter / Textilfirma (*gen.*)
Gygax / Mensch // _____ (*rel.*) / gehen / aufs Ganze

Gygax / ausnutzen / Untergebene / rücksichtslos
Gygax / machen / Geschäfte / mit / bedenklich- / Mittel (*pl.*)

B. Gygax / spielen / gern / Robust- (*adj. noun*) / und / erfolgreich- / Geschäftsmann
deshalb / Gygax / geheimhalten / schwer- / Herzkrankheit
Gygax / von / Treue / Frau / überzeugt
Gygax / halten / exzeptionell- / Mann
deshalb / hart- / Schlag / für / Gygax // als / erfahren // Frau / begehen / Ehebruch

V. *Die Untreue von Frau Gygax*

Frau Gygax / gestehen / nicht / Ehebruch // weil / sie / haben / Angst / Mann
Gygax / dahinterkommen / selber / nicht // weil / er / zu eingebildet
Freund / von / Traps / informieren / Gygax / über / Untreue / Frau (*gen.*)
Traps / überreden / Freund / dazu

VI. *Mehr über Traps' Karriere (career)*

A. in / Krieg / Traps / sein / Vagabund / mit / illegitim- / Textilware
dann / Traps / einnisten / in / Hephaiston
zuerst / vorgehen / geschäftlich

B. dann / Idee // einschlagen / ander- / Weg
Traps / beginnen / Verhältnis / mit / Frau Gygax
Traps / haben / alles / in / Hand // nämlich . . .

C. dann / zuziehen / Schlinge
Traps / lassen / Gygax / orientieren / über / Untreue / Frau (*gen.*)
Gygax / fahren / wuterfüllt / nach Hause // zusammenbrechen // sterben

D. Traps / äußerlich / bestürzt // jubeln / innerlich
3 Wochen später / Traps / kaufen / Studebaker

VII. *Ein systematischer Mord*

Traps / handeln / mit / böswillig- / Vorsatz
Traps / wissen // Gygax / krank
Traps / wissen / auch // groß- / Aufregung / können / töten / Gygax
Ehebruch / können / tödlich treffen / Gygax
Traps / ermorden / Gygax / systematisch

VIII. *Mehr über Traps' Verhältnis mit Frau Gygax*

A. Traps: Verhältnis / mit / Frau Gygax / haben / mit / Krankheit / Mann (*gen.*) / nichts zu tun
er / lassen / Gygax / informieren / über / Fehltritt / Frau (*gen.*) // weil / er / vertragen / kein- / Heimlichkeiten
Traps / lassen / informieren / sein- / eigen- / Frau / nicht
Er / haben / Kinder / und / wollen / zerstören / nicht / sein- / eigen- / Ehe

B. Frau Gygax / haben / auch / Kinder // aber / Traps / wollen / zerstören / ihr- / Ehe
Aber / jetzt / Traps / besuchen / Geliebte / nicht mehr

IX. *Wie Traps endlich die Schuld an Gygax' Tod auf sich nimmt*

Traps / zugeben // er / töten / Gygax / indirekt
Traps / müssen / vorwärtskommen / in / Geschäft
deshalb / Traps / wollen / schädigen / Gygax
Traps / einsehen // er / Mörder

X. *Warum der Staatsanwalt die Todesstrafe fordert*

Traps / ausführen / psychologisch- / Mord / auf / raffiniert- / Weise
außer / Ehebruch / nichts / Illegal- (*adj. noun*) / passieren
aber / Staatsanwalt / zerstören / dies- / Schein
Staatsanwalt / fordern / zum Schluß / Todesstrafe / für / Traps

TEIL 4 (S. 23, Z. 44–ende)

I. *Das Plädoyer des Verteidigers*

A. Verteidiger / wollen / zurückverwandeln / Tat / von / Traps / in / etwas / Bürgerlich- / Alltäglich-
Verteidiger / nennen / Traps / Opfer / Zeit (*gen.*)

B. Verteidiger: Traps / ehebrücheln // schwindeln
mit anderen Worten / Traps / führen / Durchschnittsleben
Traps / handeln / rücksichtslos // weil / Traps / unterworfen / Gesetze / Geschäftsleben (*gen.*)

II. *Das Urteil des Richters*

A. Traps / morden / nicht / mit / Waffe // sondern / durch / Gedankenlosigkeit / Welt (*gen.*) // in ______ (*rel.*) / er / leben
für / Traps / natürlich // vorgehen / rücksichtslos
in / wirklich- / Welt / geschehen / Traps / nichts (*subjunctive II, past*)

B. aber / Traps / kommen / zu / 4 / alt- / Männer
alt- / Männer / richten / nach / verkehrt- / grotesk- / Gerechtigkeit
und / in / Name / Gerechtigkeit (*gen.*) / Richter / verurteilen / Traps / zu / Tod

III. *Traps' Reaktion auf das Urteil*

Traps / gerührt // und / danken / Richter / von / ganz- / Herz
Traps / zittern (*to tremble*) / vor / Reue / und / Angst

IV. *Die Vollziehung (carrying out) des Urteils*

Henker / sollen / führen / Verurteilter (*adj. noun*) / in / Zimmer / für . . .
Henker / ziehen / Traps / Treppe / hinauf

V. *Herr Pilet als Henker*

Pilet / glatzköpfig / schweigend / tüchtig / in / Fach

VI. *Das „Zimmer für die zum Tode Verurteilten“*

knarrend- / Tür
fließend- / Wasser
breit- / Bett
Guillotine

VII. *Was muß Traps tun, sobald er ins Zimmer kommt?*

Rock / ausziehen
Kragen / öffnen
Schuhe / ausziehen

VIII. *Was erwartet Traps und was geschieht stattdessen (instead)?*

Traps / erwartet // hingerichtet (*passive*)
Traps / hinlegen
Pilet / zudecken / Traps
Pilet / auslöschen / Licht // weggehen
Traps / halten / Ganz- (*adj. noun*) / für / Spiel
Traps / einschlafen

IX. *Das Spiel ist vorbei.*

A. nächst- / Morgen / Studebaker / repariert
Traps / vergessen / vorig- / Abend / fast
Traps / zurückfahren / in / Dschungel / Geschäftsleben (*gen.*)

B. Traps / denken / noch einmal / vergangen- / Nacht
Traps / erinnern / Gerichtsverhandlung
er / spielen / Mörder

C. Traps / glauben // ganz- / Unsinn / vorbei
Traps / meinen // er / können / töten / niemand
Traps / meinen // pensioniert- / Leute / komisch- / Gedanken

D. dann / Traps / denken / Wildholz
Traps / wollen / undrehen / Wildholz / Hals
wie immer / Traps / wollen / vorgehen / rücksichtslos

Themen zur Diskussion

oder für kleine schriftliche Arbeiten

A. Jetzt können Sie einige Motive (*themes*) des Hörspiels (*radio play*) zusammenfassen (*summarize*).

1. Beschreiben Sie das Spiel der alten Herren. Die folgenden Hinweise (*tips*) sollen Ihnen dabei helfen.

   Gericht
   historische Prozesse
   lebendes Material
   die Rollen der alten Herren
   ohne Gesetzbücher richten
   Traps' rolle

2. Charakterisieren Sie Traps' Karriere als Geschäftsmann.

   im Kriege
   Hephaiston
   den Chef besiegen
   Alleinvertretung übernehmen
   Bankkonto und Studebaker

3. Was für ein Mensch ist Gygax?

   erfolgreicher Geschäftsmann
   Untergebene ausnutzen
   den Robusten spielen
   die Herzkrankheit geheimhalten
   auf Reisen
   Frau Gygax vernachlässigen

4. Wie hat Traps seinen Gegner (*opponent*) systematisch „ermordet"?

   Verhältnis mit Frau Gygax
   Gygax' Herzgeschichte
   über den Ehebruch informieren
   Gygax' Zusammenbruch und Tod
   Alleinvertretung

5. a. Wie reagiert Traps auf das Urteil des Richters?

      den alten Herren dankbar
      Angst und Reue
      hingerichtet

   b. Was ist aber seine Reaktion am nächsten Morgen?

kaum hardly **stattgefunden:** *past part. of* **statt·finden*** to take place
eine Art Traum a kind of dream das **Geschehen** *lit.:* happening; *here: die Geschichte*
traumhaft dreamlike **unheimlich** uncanny, unreal **bezeichnen** to term, designate
die **Mühe** effort, difficulty die **Wirklichkeit** reality **unterscheiden*** to distinguish
der **Gang** course **lukullisch** Lucullan (Lucullus, ancient Roman, legendary for his banquets) das **Essen** meal **entsprechen*** (+ *dat.*) to correspond **wichtig** important die **Phase** phase
eine Gliederung . . . , die der Speisefolge parallel läuft an outline which runs parallel to the sequence of the dishes served

die **Vorspeise, -n** appetizer, first course

das **Hauptgericht, -e** main dish (course)

der **Nachtisch** dessert

an·schauen to take a look das **Getränk, -e** beverage, drink

B. Weitere Themen

1. Am nächsten Morgen kann sich Traps nur schwer an den Abend erinnern. Er weiß kaum, ob der Prozeß wirklich stattgefunden hat, oder ob die Gerichtsverhandlung nur eine Art Traum war. Welche Elemente des Geschehens kann man als traumhaft oder unheimlich bezeichnen? Warum kann Traps nur mit Mühe zwischen Traum und Wirklichkeit unterscheiden?

2. Jeder Gang des lukullischen Essens entspricht einer wichtigen Phase des unheimlichen Spiels. Machen Sie eine kurze Gliederung des Spiels, die der Speisefolge parallel läuft.

1. APERITIF

Vermouth, Gin

2. VORSPEISEN

Schildkrötensuppe
Forellen mit Petersiliensauce
Champignons à la Crème
—Neuchâteller—

3. HAUPTGERICHTE

Kalbsnierenbraten mit Artischocken
—St. Julien Médoc 1927—
Hähnchen auf provenzalische Art
—Château Pavie 1921—

4. KÄSE

Camembert, Emmentaler, Brie,
Gruyère, Tête de Moine, Limburger
Gorgonzola
—Château Margaux 1914—

5. NACHTISCH

Makronentorte
—Mocca, Cognac 1893—

6. CHAMPAGNER

Veuve Cliquot

Schauen Sie die Getränkefolge etwas näher an. Was können Sie über die Qualität und Quantität der Weine sagen? Welche Rolle spielt der Alkohol in der Geschichte?

die **Schuldfrage** question of guilt **in welchem Sinn** in what sense
inwiefern in what way **schuld sein* an** (+ *dat.*) to be responsible for (guilty of)

verliebt sein* in (+ *acc.*) to be in love with

das **Feuerzug** lighter

an·nehmen* to assume
ähnlich similar der **Lebenslauf, ¨e** life story **skizzieren** to sketch
der **Vorgänger** predecessor **beseitigen** to do away with

das **Profil** profile, sketch **motivieren** to motivate
worauf legt er am meisten Wert? what does he value most? **sich verhalten* zu** to behave toward
die **Liste** list die **Eigenschaft, -en** characteristic
so ausführlich wie möglich in as much detail as possible, as thoroughly as possible

3. Die Schuldfrage ist nicht ganz klar. In welchem Sinn ist Traps kein Mörder? Inwiefern ist er aber doch an Gygax' Tod schuld? Hat er andere, vielleicht noch schlimmere Verbrechen begangen?
4. Ist Traps immer noch in Käthi Gygax verliebt? Oder hat er sie vielleicht nie wirklich geliebt? Inwiefern ist Frau Gygax wie der Studebaker oder das Dunhill-Feuerzeug?
5. Obwohl wir nicht sehr viel über Gygax' Leben wissen, können wir annehmen, daß er und Traps ähnliche Lebensläufe haben. Skizzieren Sie eine kurze Biographie für Gygax. Wie hat er vielleicht seinen Vorgänger beseitigt?
6. Machen Sie ein psychologisches Profil von Alfredo Traps. Was motiviert ihn, d.h. worauf legt er am meisten Wert? Wie verhält er sich zu anderen Menschen? Wovor hat er Angst? Machen Sie Ihre Liste von Traps' Eigenschaften so ausführlich wie möglich.

Ein neues Gesicht

BERTOLT BRECHT

der **Kaufmann** merchant, businessman

allerhand (*form stays constant*) all kinds of

der **Gewinn** profit die **Fabrik, -en** factory der **Fluß, ¨sse** river

der **Wald, ¨er** forest das **Stadtviertel, —** section (of a city) das **Bergwerk, -e** mine

sonst nichts nothing else **jemandem etwas ab·kaufen** to buy something from someone

das heißt, d.h. that is to say **gegen Lohn** for wages

der **Muskel, -n** muscle, brawn das **Gehirn** brain der **Griff** grip (strength)

der **Arm, -e** arm das **laufende Band** assembly line der **Tritt** tread

die **Esse, -n** forge die **Zeichnung, -en** drawing die **Schrift** writing, handwriting das **Kontobuch, ¨er** ledger

geachtet respected

auf einmal all of a sudden **arg** bad

die **Zinngrube, -n** tin mine

nämlich namely, that is to say

betrügen* to cheat

sich verabreden to make an appointment

verhandeln to negotiate

die **Zahl, -en** figure, number **auf·schreiben*** to write down

In einem großen Land lebte einmal ein Kaufmann. Er kaufte allerhand Dinge, große und kleine, und verkaufte sie wieder mit einem sehr guten Gewinn. Er kaufte Fabriken und Flüsse, Wälder und Stadtviertel, Bergwerke und Schiffe. Wenn Leute sonst nichts zu verkaufen hatten, kaufte er ihnen ihre Zeit ab, das heißt er ließ sie gegen Lohn für sich arbeiten und kaufte so ihre Muskeln oder ihr Gehirn. Er kaufte den Griff ihrer Arme für sein laufendes Band, den Tritt ihrer Füße für seine Essen, ihre Zeichnungen, ihre Schrift in seine Kontobücher.

Er war ein sehr großer Kaufmann und wurde ein immer größerer Kaufmann. Er war weit und breit sehr geachtet und wurde immer geachtet.

Aber auf einmal bekam er eine arge Krankheit.

Eines Tages wollte er wieder einmal etwas kaufen, diesmal ein paar Zinngruben in Mexiko. Eigentlich wollte er sie nicht selber kaufen, sondern einige andere Leute sollten sie für ihn kaufen, damit er sie verkaufen konnte. Er wollte nämlich diese Leute betrügen.

Er verabredete sich mit ihnen in einem Bankhaus.

Dort verhandelten sie mehrere Stunden miteinander, indem sie dicke Zigarren rauchten und dazu Zahlen aufschrieben.

Der große Kaufmann erzählte seinen Geschäftsfreunden,

bei diesem Geschäft on this deal
nett nice
wie eben just like
blank shiny
wenigstens at least **anfangs** at the beginning **merkwürdig** remarkable
eigentümlich strange
weg·rücken to move
an sich hinunter·sehen* to look down at oneself

mit einem Mal all at once
ordentlich really **erschrocken** horrified
schrecklich terrible

die **Entschuldigung** excuse

ebenfalls likewise

erschrak: *past of* **erschrecken*** to take fright, be shocked
eilen to hurry **sogleich** immediately

blicken to look

wieviel Geld sie bei diesem Geschäft verdienen konnten, und da er ein so geachteter Kaufmann war und nett und freundlich aussah, wie eben ein älterer, rosiger Kaufmann mit weißen Haaren und blanken Augen, glaubten sie ihm auch, wenigstens anfangs. Aber dann passierte etwas sehr Merkwürdiges. Er merkte plötzlich, daß die Herren ihn ganz eigentümlich ansahen, und dann rückten sie sogar ein wenig von ihm weg, während er sprach. Er sah an sich hinunter, ob an seinem Anzug etwas nicht in Ordnung war, aber sein Anzug war ganz in Ordnung. Er wußte gar nicht, was los war. Die Herren standen mit einem Mal auf, und jetzt sahen ihre Gesichter ordentlich erschrocken aus, und sie sahen deutlich ihn an, und zwar wie etwas Schreckliches, vor dem man Angst hat. Und doch sprach er nicht anders als sonst, nett und freundlich, wie ein großer, geachteter Kaufmann.

Warum also hörte ihm niemand mehr zu, und warum gingen sie denn ohne jede Entschuldigung einfach hinaus und ließen ihn sitzen? Denn das taten sie.

Er stand ebenfalls auf, nahm seinen Hut und ging hinunter, um in sein Auto zu steigen. Da sah er noch, wie der Chauffeur furchtbar erschrak, als er ihn sah.

Zu Haus eilte er sogleich zu einem Spiegel. Da sah er etwas Schreckliches:

Aus dem Spiegel entgegen blickte ihm das Gesicht eines *Tigers.*

Er hatte ein neues Gesicht bekommen! Er sah aus wie ein Tiger!

Übungen

Als erstes, erzählen Sie die Geschichte nach. Die folgende Gliederung wird Ihnen dabei helfen.

I. *Wie der Kaufmann immer größer und immer reicher wird*

A. Kaufmann / leben / einmal / groß- / Land
er / kaufen / und / verkaufen / Dinge / mit / gut- / Gewinn
er / kaufen / Fabriken / Schiffe / Bergwerke

B. und wenn / Leute / haben / nichts anderes zu verkaufen // er / kaufen / ihr- / Zeit
er / kaufen / Muskeln / Gehirn

C. er / werden / immer größer- / Kaufmann
er / immer mehr / geachtet (*passive*)

II. *Wie der Kaufmann seine Geschäftsfreunde behandelt* (**behandeln,** to treat)

A. auf einmal / er / bekommen / Krankheit
ein- / Tag- / er / wollen / kaufen / Zinngruben
eigentlich / ander- / Leute / sollen / kaufen / Zinngruben // und / er / wollen / betrügen / dies- / Leute

B. er / verabreden / mit / Leute / in / Bank
er / verhandeln / mit / Leute
Kaufmann / erzählen / Leute // wieviel / Leute / können / verdienen / bei / Geschäft
da / Kaufmann / aussehen / nett / freundlich // und da / er / sein / so geachtet // Leute / glauben / Kaufmann

III. *Wie die Leute merken, daß der Kaufmann sich verändert*

A. aber / dann / etwas / Merkwürdig- / passieren
Leute / ansehen / Kaufmann / komisch
Leute / wegrücken / von / Kaufmann

B. zuerst / er / denken // Anzug / nicht in Ordnung
aber / Anzug / ganz in Ordnung
Kaufmann / wissen / nicht // was / los

IV. *Wie die Leute jetzt auf den Kaufmann reagieren* (**reagieren auf** + *acc.*, to react to)

A. Leute / aufstehen / plötzlich
ihr- / Gesichter / aussehen / erschrocken
Leute / ansehen / Kaufmann // als ob / haben / Angst / vor / Kaufmann

B. aber / Kaufmann / sprechen / nett / freundlich / wie immer
er / sprechen / wie / groß- / geachtet- / Kaufmann

er / verstehen / nicht // warum / Leute / zuhören / nicht // und / warum / sie / hinausgehen / einfach

V. *Was der Kaufmann am Ende selber sieht*

A. Kaufmann / aufstehen // nehmen / Hut // hinuntergehen // steigen / Auto
Chauffeur / erschrecken // als / sehen / Kaufmann

B. zu Hause / Kaufmann / sich ansehen / in / Spiegel
er / sehen / etwas Schrecklich-
er / bekommen / Gesicht / Tiger (*gen.*)

Themen zur Diskussion
oder für kleine schriftliche Arbeiten

Die Vokabeln geben Ihnen mögliche Hinweise.

1. Was für Geschäfte macht der Kaufmann?

kaufen / verkaufen
Gewinn
gut verdienen
Dinge / Menschen

2. Was halten andere Menschen von ihm? (**halten* von,** *to think of*)

achten
fürchten
Respekt haben vor (+ *dat.*)
Angst haben vor (+ *dat.*)

3. Was für Verbrechen begeht der Kaufmann?

systematisch ausnutzen (*to exploit*)
betrügen
schwindeln (*no obj.*) / beschwindeln (+ *dir. obj.*)
lügen (*no obj.*) / belügen (+ *dir. obj.*)
rücksichtslos vorgehen / rücksichtslos handeln

4. Kontrastieren Sie das Aussehen (*appearance*) des Kaufmanns mit seinem Benehmen (*behavior*).

nett	betrügerisch (*deceitful, fraudulent*)
freundlich	rücksichtslos
rosig	verbrecherisch
weißhaarig	unehrlich (*dishonest*)
blank- Augen	lügnerisch (*untruthful*)

5. Wie wird der Kaufmann für sein Benehmen bestraft (*punished*)? Inwiefern (*to what extent*) ist die Strafe gerecht (*just*)?

sich verändern
Gesicht / Tiger
innerlich / äußerlich

© 1978, Stern-Black Star

Die Show im Saal 270

STERN-MAGAZIN

die **Show** show
der **Saal** (court) room
der **Totschlag** manslaughter
einmal im Leben once in their lives **begegnen** (+ *dat.*) to meet **als Gleiche** as equals
die **Krankenabteilung** infirmary die **Justizvollzugsanstalt** penitentiary **Aichach** *small town in Bavaria*
die **Schauspielerin** actress
verdächtigt (+ *gen.*) suspected of die **Hausfrau** housewife die **Flickschneiderin** seamstress who does repairs
danach thereafter der **Star** star **vor Gericht kommen*** to appear in court
voller Hoffnung auf (+ *acc.*) full of hope for **mild** *here:* light das **Urteil** sentence
die **Zelle** cell **sich auf·hängen** to hang oneself **zurück·schicken** to return
das **Heimatdorf** home town **Reischach bei Neuötting** *name of the town* **ein Handvoll Staub** a handful of dust
die **Urne** urn
niemals never die **Begegnung** meeting die **vergitterte Welt** world behind bars
und doch and yet **teilen** to share
verwandt similar, related das **Schicksal, -e** fate, destiny **beide** both **ähnlich** similar
die **Sehnsucht nach** longing for **harmonisch** harmonious das **Leben** life
die **Art** kind die **Torschlußpanik** (das **Tor,** *gate;* der **Schluß,** *closing, shutting*) eleventh-hour panic **jahrelang** for years
gedemütigt: *past part. of* **demütigen** to humiliate der **Lebensgefährte, -n** companion, partner
tot·schießen* to shoot dead
der **Schwurgerichtssaal** courtroom
Münchner *adj. for* München der **Justizpalast** palace of justice das **Kleid** dress
das **Gesicht** face **blaß** pale der **Mund** mouth **schmal** thin der **Strich** line
das **Gedränge** crowd **an die 60** almost 60 der **Fotograf, -en, -en** photographers
rempeln to jostle der **Platz, ¨e** place, seat **draußen** outside

Einmal war es Totschlag, einmal Mord

Einmal im Leben begegneten sie einander als Gleiche—in der Krankenabteilung der Justizvollzugsanstalt Aichach. Sie lagen im selben Zimmer. Die Schauspielerin Ingrid van Bergen, 46, verdächtigt des Totschlags, die Hausfrau und Flickschneiderin Eleonora Hanslbauer, 44, verdächtigt des Mordes. Danach waren sie nicht mehr gleich. Der Star kam vor Gericht voller Hoffnung auf ein mildes Urteil. Die Flickschneiderin hängte sich in ihrer Zelle auf und wurde zurückgeschickt in ihr Heimatdorf Reischach bei Neuötting als ein Handvoll Staub in einer Urne.

Niemals vor der Begegnung in der vergitterten Welt von Aichach hatten sie miteinander zu tun gehabt, und doch teilten sie verwandte Schicksale. Beide waren sie sich ähnlich in der Sehnsucht nach einem harmonischen Leben, ähnlich wohl auch in einer Art Torschlußpanik. Beide waren sie jahrelang gedemütigt worden von ihren Lebensgefährten. Beide schossen sie im Februar ihre Männer tot.

Ingrid van Bergen sitzt im Großen Schwurgerichtssaal 270 des Münchner Justizpalastes. Sie trägt ein schwarzes Kleid, ihr Gesicht ist blaß, ihr Mund ein schmaler Strich. Im Saal ist ein Gedränge wie [seit Jahren] nicht mehr. An die 60 Fotografen rempeln einander von den besten Plätzen. Draußen, das **Gerichtsgebäude** courthouse

dicht dense das **Knäuel** throng **ein·lassen*** to allow in

längst long since **überfüllt** overcrowded der **Zuschauer** spectator **fassen** to hold
der **Blinde** (*adj. noun*) blind man **dabei** present
sich an·stellen to get in line der **Polizist, -en** policeman die **Menge** crowd **zurück·drängen** to push back die **Glasscheibe** a pane of glass
birst: *3rd person sing. pres. of* **bersten*** to burst der **Ansturm** assault **mittags** at noontime **am nahen Stachus** at nearby Stachus (*a square in downtown Munich*)
der **Hund** dog
der **Pfahl** post **angebunden** tied das **Frauchen** mistress (the dog's mistress)
der **„Sensationsprozeß"** sensational trial

gesellschaftlich social das **Ereignis** event

die **Dame, -n** lady **zuvor** beforehand der **Friseur** hairdresser der **Staranwalt** the star lawyer
die **Gattin** (his) wife der **Richtertisch** the bench
die **Mandantin** client

der **Geliebte** (*adj. noun*) lover **erschoß:** *past of* **erschießen*** to shoot to death **gegenüber** across from
verlesen* to read out der **Staatsanwalt** state's attorney, prosecuting attorney **kaum hörbar** barely audible
die **Anklage** indictment die **Angeschuldigte** (*adj. noun*) accused
gegen along toward das **Anwesen** property, premises

feuerte . . . zwei Schüsse auf ihren im Wohngeschoß telefonierenden Freund (*ext. modifier*) (she) fired two shots at her friend who was telephoning in the hallway **töten** to kill
die **Tat** the crime, deed der **Anklager** prosecutor **einschlägig** pertinent, relevant
das **Strafgesetzbuch** penal code
der **Totschläger** person guilty of manslaughter
die **Freiheitsstrafe** prison term **bestrafen** to punish

schwer serious der **Fall, ¨e** case **ist auf . . . zu erkennen** a sentence of life imprisonment shall be imposed
bei mildernden Umständen when there are extenuating circumstances
betragen* to amount to das **Strafmaß** penalty

an·klagen (+ *gen.*) to charge someone with der **Vorsatz** premeditation **weder . . . noch** neither . . . nor
die **Heimtücke** malice (aforethought) **nach·weisen*** to establish das **Opfer** victim
die **Arglosigkeit** lack of awareness die **Wehrlosigkeit** defenselessness
von Anfang an from the outset **sich berufen* auf** (+ *acc.*) *here:* to claim
der **Tathergang** course of events
die **Treppe** stairway **spüren** to feel der **Rückschlag** recoil, kick (of a gun)
Während über die Tat . . . verhandelt wird While the case . . . is being tried

das **Landgericht** district court **Traunstein** *town in Bavaria* der **Akt, -en** file der **Mordfall** murder case
ab·schließen* to close **Erledigt durch Tod Angeschuldigten.** (Case) closed due to the death of the accused.
spätabends late in the evening die **Zwei-Zimmer-Wohnung** two-room apartment (*i.e.*, apartment with two bedrooms)
Berchtesgadener *adj. for* Berchtesgaden (*a town in Bavaria*) **heftig** violently

vor dem Gerichtsgebäude, warten mehr als tausend Menschen in einem dichten Knäuel darauf, eingelassen zu werden in den längst überfüllten Saal, der nur 136 Zuschauer faßt. Frauen mit Kindern auf dem Arm, ein Blinder ist dabei und Männer in Overalls. Um Mitternacht haben sich die ersten angestellt. Polizisten drängen die Menge zurück, eine Glasscheibe birst unter dem Ansturm. Mittags wird am nahen Stachus ein Hund gefunden, der seit drei Stunden an einem Pfahl angebunden auf Frauchen wartet. Frauchen ist beim „Sensationsprozeß".

Der ist fast schon ein gesellschaftliches Ereignis. Die Damen waren zuvor beim Friseur, Staranwalt Rolf Bossi hat die Gattin mitgebracht zur großen Show. Auf dem Richtertisch links von ihm und seiner Mandantin liegt der Revolver, mit dem Ingrid van Bergen ihren Geliebten erschoß. Ihr gegenüber verliest Staatsanwalt Hans Thomma kaum hörbar die Anklage: „Die Angeschuldigte feuerte am 3. 2. 1977 gegen 1.30 Uhr im Anwesen am Mühleich 5a in Starnberg aus dem Revolver Smith & Wesson Nr. 3 J 8631, Kaliber 38 Special, zwei Schüsse auf ihren im Wohngeschoß telefonierenden Freund Klaus Knaths, um ihn zu töten . . ."

Die Tat wird vom Anklager als Totschlag qualifiziert. Einschlägig ist der Paragraph 212 des Strafgesetzbuches: „Wer einen Menschen tötet, ohne Mörder zu sein, wird als Totschläger mit einer Freiheitsstrafe nicht unter 5 Jahren bestraft. In besonders schweren Fällen ist auf lebenslange Freiheitsstrafe zu erkennen." Bei mildernden Umständen (Paragraph 213) beträgt das Strafmaß sechs Monate bis fünf Jahre. Des Mordes konnte der Staatsanwalt die Schauspielerin nicht anklagen, weil er bei ihr weder Vorsatz noch Heimtücke nachweisen konnte und bei ihrem Opfer Klaus Knaths, 33, weder Arg- noch Wehrlosigkeit. Ingrid van Bergen hat sich von Anfang an darauf berufen, sich nicht an den Tathergang zu erinnern: „Ich sah nur das Gesicht von Klaus unten an der Treppe und spürte einen Rückschlag im Arm."

Während über die Tat der Ingrid van Bergen in München verhandelt wird, hat der Staatsanwalt Jürgen Michalke vom Landgericht Traunstein die Akten 13 JS 2304/77 im Mordfall Hanslbauer abgeschlossen: „Erledigt durch Tod der Angeschuldigten." Die Hausfrau Eleonora Hanslbauer hatte am 19. Februar 1977 spätabends in ihrer Zwei-Zimmer-Wohnung in der Berchtesgadener Ganghoferstraße 29 heftig mit ihrem

gestritten: *past part. of* **streiten*** to argue, fight **der** *er* (he) die **Gunst** attention, favors
zugewandt: *past part. of* **zu·wenden*** to turn
beschimpfen to abuse **schließlich** finally

ausgestreckt stretched out

holen to go and get, to fetch

die **Pistole** gun der **Typ** type

die **Nähmaschine** sewing machine **durch·laden*** to load (put a bullet in the chamber)
die **Schläfe** temple **anschließend** thereupon, then das **Telefonhäuschen** telephone booth
die **Vernehmung** interrogation
mehrmals several times **seelisch** mentally
aus·halten* to stand, endure die **Antwort** answer

verrecken to drop dead **zur Tat** concerning the deed (the murder) itself **es kam so über mich** it just came over me

dreimal three times der **Landgerichtsarzt** the district court doctor **Dr. Dr.** (The man has two doctorates; in Germany both titles are used.)
das **Untersuchungsgefängnis** prison where suspects are held for interrogation
danach after that das **Gutachten** report **ab·liefern** to deliver

der **Selbstmordversuch** suicide attempt

vermindert zurechnungsfähig of diminished mental capacity **amtlich erkannt** certified
urteilen über (+ *acc.*) to make a judgment concerning das **Anzeichen, —** sign die **Geisteskrankheit** mental illness
die **Abartigkeit, -en** aberration die **Einweisung in** referral to
zur weiteren Beobachtung for further observation der **Gutachter, —** legal expert
halten* für to consider to be **erforderlich** necessary **leitend** leading, chief der **Oberstaatsanwalt** chief prosecutor

Es geschah alles nach Recht und Gesetz. Everything was done according to legal procedures.
exakt zur gleichen Zeit at precisely the same moment **sich beschäftigen** to be concerned **halb** half
das **Dutzend** dozen **Haupt-** primary, principal **Neben-** secondary der **Seelenzustand, ¨e** mental state
die **Glitzerfrau (glitzern,** *to glitter, glisten***)** glamor girl **zu diesem Zweck** for this purpose
ein Zimmer beziehen* to occupy a room der **Diplom-Psychologe** psychologist
der **Baum-Test,** der **Rorschach-Test,** das **Freiburger Persönlichkeits-Inventar** names of psychological tests
weitere Tests additional tests das **Ergebnis** result die **Diskrepanz** discrepancy
der **Wunsch** desire die **Wirklichkeit** reality das **Partnerverhältnis** partner relationship
wesentlich significant die **Konfliktquelle** source of conflict **dürfte anzusehen sein** could be regarded
274 Seiten dick 274 pages thick **allein** just das **psychiatrische Gutachten** psychiatric evaluation
zu folgendem Ergebnis to the following conclusion
bei Begehung der Tat in committing the crime die **Steuerungsfähigkeit** ability to control oneself
erheblich vermindert considerably diminished **hochgespannt** exaggerated der **Affektzustand** emotional state
die **Voraussetzung** terms, conditions
wegen (+ *gen.*) due to **tiefgreifend** profound die **Bewußtseinsstörung** mental disturbance
bejahen to affirm

Mann Isidor gestritten, weil der seine Gunst einer Dame namens Mathilde zugewandt hatte. Während er seine Frau beschimpfte, trank er ein Glas nach dem anderen. Schließlich lag er ausgestreckt auf der Couch.

Da holte Eleonora Hanslbauer gegen 22.30 Uhr seine Pistole vom Typ „Larmes", Kaliber 7.65 Millimeter, aus der Nähmaschine, lud durch und schoß den Mann durch die linke Schläfe tot. Anschließend ging sie zum Telefonhäuschen und rief die Polizei. Bei der Vernehmung sagte sie: „Ich habe ihm mehrmals gesagt, ich halt das seelisch nicht aus, wenn er zur Mathilde geht. Seine Antwort war immer: Dann verreck." Zur Tat selbst sagte Frau Hanslbauer: „Es kam so über mich."

Dreimal befragte der Münchner Landgerichtsarzt Dr. Dr. Dahse die Eleonora Hanslbauer im Untersuchungsgefängnis. Vier Wochen danach lieferte er sein Gutachten beim Staatsanwalt Michalke in Traunstein ab. Über die Frau, die bereits einen Selbstmordversuch hinter sich hatte und deren Vater amtlich als „vermindert zurechnungsfähig" erkannt worden war, urteilte er: keine Anzeichen von Geisteskrankheit, keine seelischen Abartigkeiten. Eine Einweisung in eine psychiatrische Klinik zur weiteren Beobachtung hielten Gutachter und Staatsanwalt für nicht erforderlich. Der Leitende Oberstaatsanwalt Dr. Manfred Kuchenbauer in Traunstein zum STERN: „Es geschah alles nach Recht und Gesetz."

Exakt zur gleichen Zeit beschäftigten sich ein halbes Dutzend Haupt- und Nebengutachter mit den Seelenzuständen der Glitzerfrau Ingrid van Bergen, die zu diesem Zweck vier Wochen lang ein Zimmer in der Psychiatrischen Klinik der Universität München bezog. Der Diplom-Psychologe Horst Bergner machte mit ihr den Baum-Test, einen Rorschach-Test, das Freiburger Persönlichkeits-Inventar und noch elf weitere Tests. Ergebnis: „Die Diskrepanz zwischen Wunsch und Wirklichkeit im Partnerverhältnis . . . dürfte als wesentliche Konfliktquelle in ihrem Leben anzusehen sein."

274 Seiten dick ist allein das psychiatrische Gutachten des Professors Werner Mende, das zu folgendem Ergebnis kommt: „ . . . bei Begehung der Tat in ihrer Steuerungsfähigkeit erheblich vermindert . . . hochgespannter Affektzustand . . . die Voraussetzungen des Paragraphen 21 StGB (früher 51) sind wegen einer tiefgreifenden Bewußtseinsstörung zu bejahen."

ungleich unequally **ergründen** to investigate
Beiden Frauen . . . sind ihre Männer zum Schicksal geworden *lit.:* For both women, their men became their fate (men were fatal to both women)
nicht erst, als . . . not just when . . .
der jeweils letzte the last man in each instance die **Schußwaffe** gun **sich entledigen** (+ *gen.*) to rid oneself of
fiel: *past of* **fallen*** to fall, be killed (in war) der **Rußlandfeldzug** Russian campaign
erst zehn only ten **Ostpreußen** East Prussia
das **Abitur** final high-school exam **Note 2 minus** *grade* (*1 = highest, 5 = lowest*)
sich verloben to get engaged **alsbald** very soon, shortly
eine weitere Freundin another girlfriend der **Verlobte** (*adj. noun*) fiancé **mit·teilen** (+ *dat.*) to tell, reveal
floh: *past of* **fliehen*** to flee

die **Kleine Freiheit** *name of a nightspot* **sich verdingen** to hire oneself out das **Taxi-Girl** taxi dancer
die **Runde, -n** set of dances
tanzen to dance

gleichzeitig at the same time **kompliziert** complicated

der **Textilhändler** textile dealer **holen** to take der **Laden** store

das **Café Keese** *name of a café* der **Wellpappenfabrikant** manufacturer of corrugated cardboard
eröffnen (+ *dat.*) to reveal, disclose **aus·sehen* wie** to look like
lachen to laugh **darauf** thereupon

inzwischen in the meantime **vorübergehend** temporarily, for the time being

die **Schauspielschülerin** acting student **sich verloben mit** (+ *dat.*) to get engaged to (someone) **schicken zur Arbeit** to put someone to work

das **Haus der Kunst** *an American military club for several years after World War II*

eine Ehe schließen* *hieraten* der **Kabarettist, -en** cabarettist

gebar: *past of* **geboren** to give birth to die **Tochter** daughter

die **Schwangerschaft** pregnancy **betrogen:** *past part. of* **betrügen*** (+ *dat.*) to be unfaithful, to deceive **Damit war die Ehe dahin** With that the marriage was over
in ziemlich rascher Folge in rather rapid succession
wandte sich . . . zu: *past of* **sich zu·wenden*** to turn to **sich ab·wenden*** to turn away

heiraten to marry der **Schauspieler** actor

stammen aus to come from

etabliert well known, established

„Rosen für den Staatsanwalt“ (*title*) "Roses for the Prosecution"

das **Engagement, -s** booking

die **Trennung, -en** separation **geschah es, daß** it happened that

die **Scheidung** divorce **eh** anyhow

das Leben der vor dem Gesetz gleichen E.H. (*extended modifier*) the life of E.H., who was equal before the law
verlief: *past of* **verlaufen*** to take (its) course die **Anteilnahme** interest, concern **breit** wide, broad die **Öffentlichkeit** public
abseits (+ *gen.*) far from, apart from die **Glitzerwelt** glittering world, tinsel world die **Halbwelt** demi-monde die **Kolportagewelt** world of cheap romance
sich tummeln to frolic **der Akt, -en** file

Beiden Frauen, deren Seelenzustand so ungleich ergründet wurde, sind ihre Männer zum Schicksal geworden, nicht erst, als sie sich des jeweils letzten mit der Schußwaffe entledigten. Der erste Mann im Leben der Ingrid van Bergen, ihr Vater, fiel am ersten Tag des Rußlandfeldzuges. Da war sie erst zehn Jahre alt und wohnte in Ostpreußen. Den zweiten Mann in ihrem Leben lernte sie 1950 nach dem Abitur (Note 2 minus) in Stuttgart kennen. Sie verlobte sich. Aber alsbald teilte ihr eine weitere Freundin des Verlobten mit, daß der öfter bei ihr sei. Ingrid van Bergen „floh", wie sie sagt, nach Hamburg. An der Kleinen Freiheit verdingte sie sich als Taxi-Girl. Da konnte jedermann für 50 Pfennig drei Runden mit ihr tanzen. Frau van Bergen: „Ich besuchte damals jeden Tag die Michaelis-Kirche und schrieb jeden Abend an meine Mutter."

Gleichzeitig wurde es mit den Männern kompliziert. Ein Textilhändler holte sie in seinen Laden. Ein anderer brachte sie ins Café Keese, wo ihr ein dritter, ein Wellpappenfabrikant, eröffnete, sie sehe aus wie seine Frau. Ingrid van Bergen: „Ich lachte. Er sagte, seine Frau sei tot." Darauf verlobte sich das Mädchen Ingrid—inzwischen vorübergehend Schauspielschülerin—mit dem Fabrikanten. Der schickte sie zur Arbeit nach Metzingen und Reutlingen und fuhr mit einer anderen nach Spanien. Ingrid zog nach München und verkaufte Zigaretten im Haus der Kunst.

Ihre erste Ehe schloß sie 1955 mit dem Kabarettisten Erich Sehnke und gebar 1957 ihre Tochter Andrea. „Mein Mann hat mich während der Schwangerschaft betrogen. Damit war die Ehe dahin", sagt Frau van Bergen. In ziemlich rascher Folge wandte sich die junge Mutter neuen Männern zu und wieder von ihnen ab, weil die Herren andere Frauen fanden. 1963 heiratete sie den neun Jahre jüngeren Schauspieler Michael Hinz. Aus dieser Ehe stammt die zweite Tochter Caroline. Damals war Ingrid van Bergen bereits eine etablierte Schauspielerin („Rosen für den Staatsanwalt") mit vielen Engagements. Frau van Bergen: „Durch die vielen Trennungen geschah es, daß er eine andere Frau kennenlernte. Scheidung. Wir sahen uns eh nicht."

Das Leben der vor dem Gesetz gleichen Eleonora Hanslbauer verlief ohne Anteilnahme einer breiten Öffentlichkeit abseits der Glitzer-, Halb- und Kolportagewelt, in der sich Ingrid van Bergen tummelte. Sie wurde, wie die Akten der die **Staatsanwaltschaft** office of the state's attorney **besagen** to state

insgesamt in all, altogether

der **Melker** dairyman

der **Krieg** war das **Dorf** village

noch nicht einmal not even once die **Volksschule** elementary school

ab·schließen* to finish **sondern** rather

winzig tiny **landwirtschaftlich** agricultural das **Anwesen** property

pachten to lease die **Friseuse** hairdresser

zu·lassen* to permit, allow der **Opa** grandpa die **Tante Nora** Aunt Nora (Nora = nickname for Eleonora)

der **Hausierer** door-to-door salesman **verkuppeln an** (+ *acc.*) to marry off; to sell to **tatsächlich** actually

trat: *past of* **treten*** to kick **im Suff** in his cups der **Bauch** stomach **entschied:** *past of* **entscheiden*** to decide

die **Scheidung** divorce

das erste Mal for the first time **geschieden** divorced

treten* *here:* to step, walk

verheiratet married **ziehen* zu (jemandem)** to move in with (someone)

der **Onkel** uncle (term applied to any male friend of the family)

der **Kneipenwirt** owner of a bar **fuhr:** *past of* **gefahren*** to travel

sich entscheiden für to decide in favor of

die **Skilehrerin** skiing teacher der **Tänzer** dancer

die **Skitour** skiing trip **danach** after that

beschließen* to decide

völlig completely, totally

die **Isar** *river in Munich* **ein auf Raten gekauftes Araberpferd** (*extended modifier*) an Arabian horse bought on time (paid for in installments)

tummeln to exercise (a horse) **Grünwald** *expensive area of Munich* **gerade als** just as

ritt: *past of* **reiten*** to ride **stolz** proud

der **Baumaterialhändler** dealer in construction materials

die **Vorstellung** notion, idea, philosophy **an·hängen*** (+ *dat.*) to espouse, believe in

das **Häuschen** cottage **alsbald** very soon

der **Handelsmann** salesman **zog:** *past of* **ziehen*** *here:* to travel

der **Bauer, -n** farmer, peasant die **Jalousie, -n** Venetian blinds **verhökern** to sell, hawk

ins Haus ziehen to move in

zählen to count; *i.e.,* to be important

der **jeweilige Partner** the partner at that time

erzählen to relate, tell die **Nichte** niece

den **Trottel machen** to play the fool **schaffen mit an** (+ *dat.*) to work on (something) with someone

Staatsanwaltschaft Traunstein besagen, am 31. Dezember 1932 in Ober Mois/Schlesien geboren als eine von insgesamt sieben Töchtern des Melkers Josef Schroth und seiner Frau Anna. Als die Familie nach dem Krieg ins Dorf Reischach bei Neuötting kam, durfte sie noch nicht einmal die Volksschule richtig abschließen, sondern sie mußte arbeiten auf einem winzigen landwirtschaftlichen Anwesen, das der Vater gepachtet hatte. Mit 16 wollte Eleonora Friseuse werden. Aber der Vater ließ es nicht zu. „Der Opa . . . hat . . . die Tante Nora an einen Hausierer verkuppelt." Tatsächlich heiratete Eleonora den Hausierer mit 17. Aber ein paar Monate später trat der Mann sie im Suff in den Bauch. Der Vater entschied: Scheidung.

Beide Frauen waren nun das erste Mal geschieden. Ins Leben der Ingrid van Bergen trat der Herr Heinz Paap, zwölf Jahre jünger und selbst noch verheiratet. Er zog zu ihr, und ihre beiden Töchter fanden den Onkel sehr nett. Heinz Paap, heute Kneipenwirt in Berlin, fuhr einmal allein nach Tirol und schrieb von dort, er habe sich nun entschieden—für eine Skilehrerin. Da wandte sich Ingrid van Bergen einem Tänzer zu, mit dem es „nur schön war". Aber dann kam Herr Paap von seiner Skitour zurück, und drei Tage danach, am 7. April 1972, heiratete der die Schauspielerin. „Wir beschlossen, ein völlig neues Leben zu beginnen." Sie in München, er in Berlin.

Mit ihr kamen die Kinder an die Isar und ein auf Raten gekauftes Araberpferd. Das tummelte sie gerade in Grünwald, als ein Mann in ihr Leben ritt, der „stolz war" und „dynamisch". Michael Haas hieß er. Er war ein Baumaterialhändler und reich und hing der Vorstellung an, daß man für Geld alles kaufen könne.

Eleonora Hanslbauer blieb nach ihrer ersten Scheidung in dem winzigen Häuschen des Vaters. Alsbald lernte sie einen Handelsmann kennen, der durch die Dörfer zog und den Bauern Jalousien für ihre Fenster verhökerte. Den heiratete Eleonora, und der Jalousie-Mann zog auch noch ins Haus des Vaters Schroth, jedenfalls ein paar Jahre lang. Eleonora war glücklich, obwohl es wenig Geld gab und viel Arbeit. Wie bei Ingrid van Bergen zählte bei ihr die Harmonie mit dem jeweiligen Partner.

„Die Tante Nora", erzählt eine Nichte, „machte für ihren Mann den Trottel und mußte alle Arbeit machen." Sie schaffte

das **Nachbardorf** neighboring village **ein Haus beziehen*** to move into a house **erst** not until **bemerken** to notice
es mit anderen treiben* to carry on with others (women) **war es mit der Harmonie vorbei** things were no longer harmonious
zehn Jahre Ehe ten years of marriage **nichts Materielles** nothing of material value
der **Verwandte** (*adj. noun*) relative **Sie wurde vollkommen übers Ohr gehauen.** *lit.:* She was completely over her ears; she was taken.

das **Lieben** love life

der **Liebhaber** lover der **Ehemann** husband **um jemanden kämpfen** to fight over someone
so daß sie „wie eine Kuh . . .“ vorkam so that she felt like a cow in the marketplace das **Darlehen** loan

das **Unglück** misfortune, unhappiness **ab·lenken** to distract

die **Geliebte** (*adj. noun*) mistress, lover die **Wohnung** apartment **Gauting** *place name*
entstand: *past of* **entstehen*** to emerge, begin
die **Art** kind das **Familienleben** family life
sich scheiden lassen* to get a divorce **hoffen auf** (+ *acc.*) to hope for
die **Hochzeit** wedding **bislang** up to that point
wechseln to change **betrogen:** *past of* **betrügen*** to cheat, to deceive, to be unfaithful
zum Gespött werden* to become an object of ridicule, a laughingstock **bis hin zu** even including der **Angestellte** (*adj. noun*) employee
gewohnt sein* to be used to, accustomed to **selbstbewußt** self-confidently

schlimm ugly, bad, unpleasant

einbezogen drawn in

das **Gericht** court **als lese sie aus einem Buch** as if she were reading from a book (als *is used like* als ob; *verb is subjunctive I, not subjunctive II*)
senken to lower die **Stimme** voice
weich soft, mild, gentle

die **Heirat** marriage (*i.e.,* getting married)

das **Altersheim** old people's home

indessen in the meantime

der **Metzger** butcher

die ganze Verwandtschaft all the relatives

froh delighted **Dori** *nickname for Isidor* **immer zu aller Gaudi aufgelegt** always ready for fun (*Gaudi:* from Latin *gaudium,* enjoyment)
der **Trachtler, —** person who affects the local costume (*e.g.,* knee-breeches, dirndls)
steigen* to climb der **Berg, -e** mountain **ein weit und breit beliebtes Paar** a very popular couple

ein bißchen sauer (*colloq.*) *lit.:* a little sour, somewhat upset **besaß:** *past of* **besitzen*** to have
auf dem Holzweg sein* to be quite on the wrong track; to be absolutely wrong
lernen *here:* to learn a trade **sich verdingen** to hire oneself out
die **Flickschneiderin** repair seamstress der **Wunsch, ¨e** wish
erfüllen to fulfill **beispielsweise** *zum Beispiel* der **Kauf** purchase der **Mercedes** Mercedes (car)

mit an einem winzigen Häuschen, das die beiden in einem Nachbardorf bezogen. Erst als sie bemerkte, daß ihr Mann es mit anderen trieb, war es mit der Harmonie vorbei. Aus der Scheidung nach zehn Jahren Ehe nahm sie nichts Materielles mit. Ihre Verwandten: „Sie wurde vollkommen übers Ohr gehauen."

Für Ingrid van Bergen kam schon vor der nächsten Scheidung eine neue Dimension ins Leben und ins Lieben. Da war ein Liebhaber, der mit ihrem Ehemann um sie kämpfte, so daß sie sich „wie eine Kuh auf dem Markt" vorkam. Michael Haas gab ihrem Ehemann in Berlin ein Darlehen über 50 000 Mark, „um ihn von seinem Unglück abzulenken", und zog mit der Geliebten in eine Wohnung in Gauting. „Dort entstand so eine Art Familienleben."

Alsbald ließ sie sich von Paap scheiden und hoffte auf eine neue Hochzeit. Doch dann wurde sie, die bislang die Männer wechselte, selber gewechselt und so oft betrogen, daß sie zum Gespött wurde bis hin zu den Angestellten des Baustoffmaterialienhändlers Haas. Heute sagt sie: „Das ist keine gute Position für eine Frau, die gewohnt ist, selbstbewußt zu leben."

Zu ganz schlimmen Szenen kam es mit diesem Mann, und die beiden Bergen-Kinder wurden einbezogen. . . .

Ingrid van Bergen sprach . . . vor Gericht, als lese sie aus einem Buch. Sie senkte die Stimme, wenn sie einen Mann etwas sagen ließ, wurde weich, wenn sie eine Frau beschreibt, und sie beschreibt fast immer sich selbst. Mit Michael Haas sprach sie . . . noch immer von Heirat. Aber er sagte: „Ich heirate doch kein Altersheim." Am Ende heiratete er eine Michaela.

Indessen fand Frau Eleonora den dritten und letzten Mann fürs Leben. Sie heiratete den sieben Jahre jüngeren Metzger Isidor Hanslbauer. Das war 1966, und die ganze Verwandtschaft war froh. „Der Onkel Dori war immer zu aller Gaudi aufgelegt." Onkel Dori und Tante Nora wurden Trachtler, stiegen am Wochenende auf die Berge und waren ein weit und breit beliebtes Paar. Nur Onkel Isidors Verwandtschaft war ein bißchen sauer, weil Eleonora kein Geld besaß. Aber da waren sie auf dem Holzweg.

Denn Eleonora, die nichts gelernt hatte, verdingte sich als Flickschneiderin, um dem Isidor alle materiellen Wünsche zu erfüllen, beispielsweise den Kauf eines Mercedes und eines

der **Wohnwagen** vacation trailer
das **Gefängnis** prison **Damit fing das Unglück an.** This was the beginning of our misery.
zuletzt most recently
monatlich 1500 Mark netto verdienen to earn a net income of 1500 marks per month **steigern** to raise, to intensify
sich die Finger wund nähen to sew one's fingers raw
vorerst for the time being
der **Herbst** autumn **hoch zu Roß sitzen*** *lit.:* to sit high on a horse; to be riding high
jener that **regnerisch** rainy der **Herbsttag** fall day der **Luxusschlitten** *lit.:* luxury sleigh (*i.e.,* fancy car)
heran·fahren* to drive up **ausstieg:** *past of* **aus·steigen*** to get out **sich erinnern** to remember
das **Gespräch** conversation
der **Scheibenwischer, —** windshield wiper
die **Klimakteriumskuh** *lit.:* menopausal cow
unbezahlt unpaid-for **Hotelauffahrt, -en** hotel entrance
parken to park der **Portier** doorman der **Wagenschlüssel** car keys **zugeworfen:** *past part. of* **zu·werfen*** to throw at
der **Geldschein** bill (*i.e.,* paper money) **hinterher** after them der **Makler** broker
stets am Rande (der **Rand,** *edge, brink*) always on the verge; at the brink der **Ruin** ruin
ziehen* to move
Starnberg *place name* das **Ritual, -e** ritual **sich entwickeln** to develop **vor dem Sex wurde gesaunt** they took a sauna bath before having sex
der **Kamin** fireplace **dabei** while (they were having sex) **brennen*** to burn
eigen own der **Geliebte** (*adj. noun*) lover
im Grunde basically
die **Dame** lady **sogenannt** so-called die **Gesellschaft** society
vor Gericht sagen to testify **leise** softly
der **Richter** judge **persönlich** personally
bekannt acquainted **geschäftlich** from a business point of view **verneinen** to deny
die **Zeugin** witness die **Beziehung, -en** connection, relation **obgleich** although
derentwegen because of whom, on whose account die **Geliebte** (*adj. noun*) mistress, lover **belog:** *past of* **belügen*** to lie, deceive
hingegen on the other hand **wußte mitzuteilen** was able to inform (the court)
das **Gegenteil** opposite **erzählen** to tell **So wurde . . . gewaschen.** Thus dirty laundry was washed in open court.
der **Anwalt** attorney **so sah es aus** so it seemed, appeared
lieber haben* to prefer der **Schöffe, -n** (*archaic*) juror **Und Anwalt Bossi . . . gehabt.** And lawyer Bossi would apparently have preferred theater critics to judge and jury.
so der Advokat according to the attorney **schwer** hard der **Prozeß** trial
richtige Beziehung finden zu* to get a handle on; to find the right approach to **Schauspieler** actor
eine eigene Rasse sein* to be (in) a class by themselves
schlicht simple
erben to inherit **sogleich** immediately **nach Isidors Wünschen** according to Isidor's wishes **an·legen** to invest
ein neuer Mercedes mußte her a new Mercedes had to (be bought)
schließlich finally die **Wohnungseinrichtung** apartment furniture
das **Erbe** inheritance **weg** gone **allerdings** however **meist** mostly
spazieren·fahren* to take (someone) for a ride

Wohnwagens. Auf das Foto von dem Auto schrieb sie später im Gefängnis: „Damit fing das Unglück an.“ Isidor Hanslbauer, der zuletzt bei einem Supermarkt in Berchtesgaden monatlich 1500 Mark netto verdiente, steigerte seine Wünsche immer mehr, und Eleonora nähte sich die Finger wund.

Ingrid van Bergen lernte ihren vorerst letzten Mann im Herbst 1974 kennen. Sie weiß noch, daß sie hoch zu Roß saß an jenem regnerischen Herbsttag, als er in einem „Luxusschlitten“ heranfuhr und ausstieg. Und sie erinnert sich noch an jedes Wort des ersten Gesprächs. Er zu ihr: „Ich bin Klaus Knaths.“ Sie zu ihm: „Ihre Scheibenwischer laufen.“ Später hat er sie „Geisha“ genannt, aber auch „Klimakteriumskuh“. Er hat seine unbezahlten Luxusautos gern in Hotelauffahrten geparkt und dem Portier den Wagenschlüssel zugeworfen und einen Geldschein hinterher. Makler war er, mit Frau und zwei Kindern, und stets am Rande des finanziellen Ruins.

Mit ihm und ihren Kindern zog Ingrid van Bergen nach Starnberg. Rituale entwickelten sich, vor dem Sex wurde gesaunt, und der Kamin mußte dabei brennen. Doch dann begann auch Knaths sie zu betrügen. Zuerst mit seiner eigenen Frau, dann „mit der Frau des Geliebten seiner Frau“, im Grunde mit allen.

Florentine Zametzer, 41, eine Dame der sogenannten Gesellschaft, sagte vor Gericht ganz leise „ja, einmal“, als der Richter sie fragte, ob sie mit Herrn Knaths auch persönlich bekannt war und nicht nur geschäftlich. Lo Sachs verneinte als Zeugin persönliche Beziehungen, obgleich sie die letzte Frau war, derentwegen Klaus Knaths seine Geliebte belog. Frau Zametzer hingegen wußte mitzuteilen, Frau Sachs habe ihr das Gegenteil erzählt. So wurde nun vor Gericht schmutzige Wäsche gewaschen. Und Anwalt Bossi hätte, so sah es aus, lieber Theaterkritiker als Richter und Schöffen gehabt. Es werde, so der Advokat, „schwer sein, zu diesem Prozeß richtige Beziehung zu finden.“ Denn: „Schauspieler sind eine eigene Rasse.“

Vielleicht war auch die schlichte Eleonora Hanslbauer von eigener Rasse. Denn als ihr Vater 1973 starb und sie 59 000 Mark erbte, legte sie das Geld sogleich nach Isidors Wünschen an. Ein neuer Mercedes mußte her und ein neuer Wohnwagen und schließlich eine neue Wohnungseinrichtung. Dann war das Erbe weg. Allerdings meist auch Isidor Hanslbauer, der bald mit dem neuen Auto eine neue Freundin spazierenfuhr.

Angst bekommen* to grow afraid **gänzlich** totally, completely
ständig all the time **es nützte nichts** it was of no use

hoffnungslos in despair, desperately

sich auf·hängen to hang oneself

zu Protokoll geben* to testify, say for the record

erschießen* to murder, to shoot to death **trennen** to separate

sich um·bringen* to kill oneself

schillernd glittering, scintillating **farblos** colorless, drab

tatsächlich in fact **milieugerecht** true to their own environment; each in a way befitting his class
der **Makler** broker **zutiefst** deeply **enttäuscht** disappointed
das **Liebesritual** love (erotic) ritual **vor·bereiten** to prepare **nackt** naked der **Bademantel** housecoat, bathrobe
die **Wohnhalle** hallway **in der Wohnhalle der für 2500 Mark monatlich angemieteten Villa** (*extended modifier*) in the vestibule of the villa which he had rented for 2500 marks a month
telefonieren mit to talk on the telephone to
die **Eltern** (*pl.*) parents **tödlich** fatal der **Schuß, ¨e** shot **trafen:** *past of* **treffen*** to hit
der **Metzger** butcher **angetrunken** half drunk
die **Monatsmiete** monthly rent
über seine Verhältnisse gehen* to be beyond one's means die **Ehefrau** wife
selbstgenäht home-sewn die **Kittelschürze** smock, apron **gehüllt** covered
überdurchschnittlich above average **realitätsangepaßt** realistic
das **Denken** thinking die **Hingabefreude** devotion; tendency to give (oneself) over (to other people) die **Kontaktstärke** gregariousness **brausende Effekte** ebullience
die **Egozentrik** egocentricity der **Gutachter, —** expert die **Beschuldigte** (*adj. noun*) the accused
zutage fördern to bring to light, unearth die **Seele** *here:* psyche
wurde . . . angesetzt was assigned (to)
die **Krankenstation** infirmary
das **Frauengefängnis** women's prison **Aichach** *place name*
geb. (*abbrev. for* **geboren**) *née* **unbeholfen** awkward, feckless der **Versuch** attempt
wenigstens at least der **Hauch** touch das **Interesse** interest **erhaschen** to seize, grasp at
umgeben* to surround **log:** *past of* **lügen*** to lie
verwandt mit related to die **Schauspielerin** actress

Eleonora bekam Angst, ihn gänzlich zu verlieren. Da kaufte sie ihm ständig schöne, teure Anzüge. Aber es nützte nichts. Zu Bekannten und Verwandten sagte sie hoffnungslos: „Ich häng mich auf." Hanslbauer-Freundin Mathilde gab später zu Protokoll: „Herr Hanslbauer hat mir gesagt, sie will ihn erschießen, wenn er sich von ihr trennt. Sie wollte sich dann selber umbringen."

Wie die schillernde Ingrid van Bergen schoß die farblose Eleonora Hanslbauer den Mann, den sie nicht verlieren wollte, tatsächlich tot. Die beiden Männer starben milieugerecht. Makler Knaths von der Hand einer zutiefst enttäuschten Frau, die ein Liebesritual vorbereitet und nackt im Bademantel auf ihn gewartet hatte. Er stand in der Wohnhalle der für 2500 Mark monatlich angemieteten Villa und telefonierte mit seinen Eltern, als ihn die tödlichen Schüsse trafen. Isidor Hanslbauer, der Metzger, lag angetrunken auf der Couch der Zwei-Zimmer-Wohnung, deren Monatsmiete von 500 Mark schon über seine Verhältnisse ging. Die Ehefrau, die ihn erschoß, war in eine selbstgenähte Kittelschürze gehüllt.

„Überdurchschnittliche Intelligenz, realitätsangepaßtes Denken, Hingabefreude, Kontaktstärke, brausende Effekte, Egozentrik" förderten die Gutachter bei der Beschuldigten Ingrid van Bergen zutage. Auf die Seele der Beschuldigten Eleonora Hanslbauer wurde kein Professoren-Team angesetzt. Die beiden Frauen trafen sich später in der Krankenstation des Frauengefängnisses Aichach. Da machte die Eleonora Hanslbauer geb. Schroth einen unbeholfenen Versuch, wenigstens einen Hauch des Interesses zu erhaschen, das Ingrid van Bergen umgab. „Ich bin", log sie, „mit Hannelore Schroth verwandt, der Schauspielerin."

Gerhard Tomkowitz / Rupp Doinet

der **Bericht** report das **Spiel** *here:* a play
gemietet rented die **Luxusvilla, -villen** luxury villa
wechselnd changing der **Liebhaber, —** lover
geistig beschränkt mentally deficient der **Landarbeiter** farm worker die **Flickschneiderin** seamstress
der **Jugendtraum** childhood dream **verwirklichen** to realize, make come true
teilen to share **auch sonst verwandte Schicksale** fates related in other ways as well
der **Verfasser, —** author die **Ähnlichkeit, -en** similarity **deutlich** clear
aus·nutzen to use, exploit die **Ungleichheit, -en** inequality, disparity
die **gesellschaftskritische Tendenz** social message **verkünden** to announce

Übungen

EINLEITUNG

Der ganze Bericht ist ein Spiel mit Parallelen und Kontrasten. Ingrid van Bergen ist eine bekannte Schauspielerin; sie lebt in einer Welt von gemieteten Luxusvillen, arabischen Pferden, teuren Autos und oft wechselnden Liebhabern. Dagegen ist Eleonora Hanslbauer, eine von den sieben Töchtern eines geistig beschränkten Landarbeiters, Flickschneiderin geworden. Eleonora konnte nicht einmal ihren Jugendtraum verwirklichen, Friseuse zu werden. Aber beide Frauen bringen ihre Männer um, und sie teilen auch sonst verwandte Schicksale. Die Verfasser dieses Berichts nutzen die Ähnlichkeiten der beiden Fälle aus, um die Kontraste und Ungleichheiten um so deutlicher zu machen. Die gesellschaftskritische Tendenz des Artikels wird schon im ersten Satz verkündet: „Einmal im Leben begegneten sie einander als Gleiche . . . .“

Erzählen Sie die Geschichten von Ingrid van Bergen und Eleonora Hanslbauer nach. Die folgende Gliederung wird Ihnen dabei helfen.

I. *Der Bericht fängt mit einem Vergleich* (comparison) *von den zwei Frauen an.*

A. *Wo Ingrid van Bergen und Eleonora Hanslbauer sich begegnen*

Krankenabteilung / in Aichach
in Aichach / Frauengefängnis
selb- / Zimmer

B. *Eine kurze Skizze von den zwei Frauen und ihren Schicksalen*

Ingrid / Schauspielerin
verdächtigt / Totschlag
hoffen / auf / mild- / Urteil
Eleonora / Hausfrau / Flickschneiderin
verdächtigt / Mord
sich aufhängen

C. *Was haben diese zwei so grundverschiedenen* (basically different) *Frauen gemeinsam* (in common)?

Sehnsucht / nach / harmonisch- / Leben
Torschlußpanik
jahrelang gedemütigt (*passive voice*)
totschießen / Männer

II. *Den ganzen Bericht hindurch wird Ingrid van Bergens Prozeß als Schauspiel beschrieben.*

A. *Wie Ingrid für ihre Rolle aufgemacht* (made up) *ist*

Kleid
Gesicht
Mund

B. *Das Publikum für die große Show*

60 Fotografen
Saal / haben / Platz / 136 Zuschauer
draußen / über 1000

C. *Es ist eine Art Zirkuspublikum.*

Frauen / mit / Kinder / auf / Arm
Männer / Overalls
Blinder
Glasscheibe / bersten / unter / Ansturm

D. *Der Prozeß ist nicht nur eine große Show, sondern auch ein gesellschaftliches Ereignis.*

Frauen / Friseur
Staranwalt Bossi / bringen / Gattin / zu / Show

III. *Die Show beginnt mit der Verlesung (*reading*) der Anklage.*

A. *Versuchen Sie, das komplizierte Deutsch des Staatsanwalts zu vereinfachen (*simplify*).*

Wo liegt das Haus, wo Klaus Knaths starb?
Wo stand Knaths, als er niedergeschossen wurde?
Wieviele Schüsse trafen ihn?
Was war er im Begriff zu tun (*about to do*), als er umgebracht wurde?
Was für eine Waffe benutzte Ingrid van Bergen?

B. *Zunächst lesen wir eine sehr einfache Definition von „Totschlag."*

wer / töten / Mensch // ohne / sein / Mörder // sein / Totschläger

C. *Warum wird Ingrid nicht des Mordes angeklagt?*

Ingrid / behaupten // sie / erinnern / nicht / an / Tat

IV. *Während in München ein Spektakel aufgeführt wird, werden in Traunstein die Akten im Mordfall Hanslbauer abgeschlossen.*

A. *Eleonoras Tod*

Fall / erledigt (*passive voice*) / durch / Tod / Angeschuldigte (*gen.*)
Eleonora Hanslbauer / aufhängen / Zelle

B. *Der Tod von Isidor Hanslbauer*

Wo wohnten die Hanslbauers?
  Zwei-Zimmer-Wohnung / Berchtesgaden

Wann fand der Mord statt?
  spätabends / 19. Februar 1977

Warum hatte Eleonora mit ihrem Mann Isidor gestritten?
  Isidor / besuchen / ander- / Frau

Die letzten Stunden
  Isidor / beschimpfen / Eleonora

er / trinken / ein Glas / nach / ander-
schließlich / einschlafen
Eleonora / holen / Pistole / Nähmaschine
sie / totschießen / Mann / durch / link- / Schläfe
dann / rufen / Polizei

Bei der Vernehmung
Eleonora / sagen / Isidor // sie / aushalten / nicht // wenn / er / gehen / zu / ander- / Frau

C. *Nun wird Eleonora psychologisch untersucht.*

Landesgerichtsarzt / besuchen / Eleonora / dreimal / Gefängnis
Eleonora / machen / früher / Selbstmordversuch
trotzdem / urteilen / Arzt // Eleonora / psychologisch gesund
Arzt / sagen // weiter- / Beobachtung / nicht nötig

D. *Was sagt der Oberstaatsanwalt Dr. Kuchenbauer, als er nach Eleonoras psychologischer Untersuchung gefragt wird?*

alles / geschehen / Recht und Gesetz

V. *Im Kontrast zur oberflächlichen (*superficial*) Behandlung von Eleonora Hanslbauer sehen wir nun die psychiatrische Untersuchung von Ingrid van Bergen.*

A. *Ingrids Aufenthalt* (stay) *in der Klinik*

Ingrid / vier Wochen / psychiatrisch- / Klinik
halb- / Dutzend / Gutachter / beschäftigen / mit / Star
Ingrid / machen / Baum-Test / Rorschach-Test / und / viel- / ander- / Tests

B. *Was scheint eine wichtige Konfliktquelle in Ingrids Leben gewesen zu sein?*

Diskrepanz / Wunsch / Wirklichkeit

C. *In seinem Gutachten kommt Professor Mende zum Schluß, daß es sich hier um Totschlag und nicht um Mord handelt. Vereinfachen Sie sein Ergebnis.*

Ingrid van Bergen / sein / aufgeregt (*excited*)
sie / wissen / nicht // was / sie / tun

VI. *Beide Frauen haben ihr ganzes Leben lang Probleme mit Männern gehabt. Zunächst lesen wir Ingrids komplizierte Geschichte.*

A. *Der erste Mann in Ingrids Leben*

erst- / Mann / Vater
er / fallen / erst- / Tag / Rußlandfeldzug (*gen.*)
Ingrid / zehn / Jahre
wohnen / Ostpreußen

B. *Der zweite Mann in ihrem Leben*

Ingrid / verloben / Stuttgart
Mann / untreu
Ingrid / fliehen / Hamburg

C. *Eine Reihe von Männern*

Ingrid / arbeiten / Taxi-Girl / Hamburg
jedermann / können / tanzen / mit / Ingrid / 50 Pfennig

D. *Was tat Ingrid jeden Tag, als sie in Hamburg arbeitete?*

Kirche
Mutter

E. *Jetzt wird es mit den Männern kompliziert.*

Textilhändler / holen / Ingrid / in / sein- / Laden
zweit- / Mann / bringen / Ingrid / in / Café Keese
dritte / Mann / sagen // Ingrid / aussehen / wie / sein- / tot- / Frau

F. *Jetzt kommt eine typische Episode in Ingrids Leben.*

Ingrid / verloben / mit / Fabrikant
Fabrikant / schicken / Ingrid / Metzingen
er / fahren / mit / ander- / Frau / Spanien
Ingrid / ziehen / München

VII. *Ingrids Leben scheint zunächst stabiler zu werden.*

A. *Ingrids erste Ehe*

1955 / Ingrid / heiraten / Kabarettist
1957 / Ingrid / haben / Baby

B. *Warum war diese Ehe aber unglücklich?*

Mann / betrügen / Ingrid

C. *Warum wendet sich Ingrid von ihren neuen Männern ab?*

Männer / finden / ander- / Frauen

D. *Ingrids zweite Ehe*

1963 / Ingrid / heiraten / Schauspieler
er / sein / neun / Jahre / jünger / Ingrid
Ingrid / haben / zweit- / Tochter
Ingrid / werden / etabliert- / Schauspielerin
dann / Mann / kennenlernen / ander- / Frau

VIII. *Eleonora Hanslbauers Welt steht in starkem Kontrast zu Ingrid van Bergens Glitzerwelt.*

A. *Wo und wann wurde Eleonora geboren?*

31. Dezember 1932 / Schlesien
Vater / Melker
Eleonora / abschließen / nicht einmal / Volksschule
sie / müssen / arbeiten / auf / Land

B. *Eleonora träumt von einem richtigen Beruf.*

Eleonora / wollen / werden / Friseuse
Vater / zulassen / es / nicht

C. *Eleonoras erste Ehe*

mit 17 / Eleonora / heiraten / Hausierer
er / trinken / sehr viel
einmal / er / treten / Eleonora / in / Bauch
es / kommen / zu / Scheidung

IX. *Mit Ingrids Männern wird es noch kompliziert.*

A. *Ingrids dritte Ehe*

Heinz Paap / 12 Jahre jünger / Ingrid
Töchter / finden / „Onkel" / nett

B. *Schon vor der Hochzeit wird das neue Verhältnis gestört.*

Paap / kennenlernen / Skilehrerin
Ingrid / zuwenden / Tänzer
aber / Ingrid / heiraten / Paap / 7. April 1972

C. *Wo haben sie ihr neues Leben begonnen?*

sie / München
er / Berlin

D. *Ingrids nächster Liebhaber*

stolz- / dynamisch- / Mann / reiten / Ingrids Leben
reich- / Baumaterialhändler
er / glauben // man / können / kaufen / alles / Geld

X. *Nach der Scheidung wird Eleonoras Leben kaum glücklicher.*

A. *Eleonoras zweite Ehe*

nach / Scheidung / Eleonora / bleiben / Häuschen / ihr- / Vater (*gen.*)
dann / Eleonora / kennenlernen / Handelsmann
Eleonora / heiraten / Handelsmann // und / leben / mit / Mann / Haus / ihr- / Vater (*gen.*)

B. *Warum kommt es für Eleonora zu einer zweiten Scheidung?*

Mann / treiben / es / mit / ander- / Frauen
Eleonora / mitnehmen / nichts / aus / Ehe

XI. *Jetzt wird Ingrid wie eine Kuh gekauft.*

A. *Ein neuer Liebhaber*

neu- / Liebhaber / heißen / Michael Haas
Haas / geben / Ingrids Mann / Darlehen / DM 50000
Ingrid / vorkommen / Kuh / auf / Markt

B. *Es kommt wieder zur Scheidung.*

Ingrid / lassen / scheiden / wieder
sie / hoffen / auf / neu- / Hochzeit
aber dann / Ingrid / betrogen (*passive voice*)
es / kommen / zu / schlimm- / Szenen

C. *Ingrid vor Gericht*

Ingrid / erzählen / ihr- / Geschichte // als / lesen / aus / Buch
Ingrid / wollen / heiraten / Michael Haas
Haas / sagen // er / heiraten / kein Altersheim

XII. *1966 lernt Eleonora Isidor Hanslbauer kennen.*

A. *Eleonoras dritte Ehe*

Eleonora / finden / dritt- / und / letzt- / Mann
Isidor Hanslbauer / Metzger
er / sieben / Jahre / jünger / Eleonora
Isidor und Eleonora / beliebt- / Paar

B. *Warum sind Isidors Verwandte „ein bißchen sauer"?*

Eleonora / kein / Geld
aber / Eleonora / anfangen // Flickschneiderin / arbeiten (*2nd clause—infinitival*)
sie / kaufen / Isidor / Mercedes / und / Wohnwagen

C. *Was schreibt Eleonora später auf das Foto von dem Auto?*

damit / Unglück

D. *Wo arbeitet Isidor und wieviel verdient er?*

Supermarkt
monatlich / DM 1500

XIII. *Jetzt kommt Ingrids Opfer, Klaus Knaths, in ihr Leben hereingefahren.*

A. *Die Begegnung*

Ingrid / kennenlernen / Knaths / Herbst 1974
er / fahren / „Luxusschlitten"

B. *Was sagt Ingrid, als Klaus Knaths sich vorstellt?*

Scheibenwischer

C. *Wer ist Klaus Knaths?*

Makler
Frau / zwei Kinder
Rand / finanziell- / Ruin (*gen.*)
Ingrid / und / Kinder / ziehen / mit Knaths / Starnberg
dann / Knaths / beginnen // betrügen / Ingrid

D. *Konfusion im Gerichtssaal: die Zeugen widersprechen sich.*

Lo Sachs / sagen // sie / haben / kein- / persönlich- / Beziehungen / zu Knaths
Florentine Zametzer / sagen / Gegenteil
schmutzig- / Wäsche / vor Gericht
Advokat / sagen // Schauspieler / sein / eigen- / Rasse

XIV. *Kurz vor dem Ende erlebt Eleonora einen scheinbaren Aufschwung* (apparent change for the better).

A. *Plötzlich hat Eleonora Hanslbauer ein bescheidenes Vermögen. Wo hat sie das Geld her?*

1973 / sterben / Eleonoras Vater
Eleonora / erben / DM 59000
sie / kaufen / Mann / neu- / Mercedes / und / neu- / Wohnwagen
Isidor / finden / neu- / Freundin

B. *Isidors Untreue bringt Eleonora in Verzweiflung* (despair). *Nun ist von Mord und Selbstmord die Rede.*

Eleonora / wollen / erschießen / Isidor
dann / sie / wollen / umbringen / selber

XV. *Ingrid und Eleonora bringen ihre Männer milieugerecht um.*

Ingrid / warten / nackt / Bademantel
sie / töten / Knaths / Wohnhalle / Luxusvilla (*gen.*)
Eleonora / tragen / selbstgenäht- / Kittelschürze
Eleonora / erschießen / Isidor // als / er / liegen / auf / Couch / Zwei-Zimmer-Wohnung

XVI. *Ein letztes Mal werden Ingrid und Eleonora miteinander verglichen.*

A. *Welche Eigenschaften finden die Psychologen bei Ingrid van Bergen?*

intelligent
denken / klar
egozentrisch

B. *Eleonora macht einen letzten Versuch, sich interessanter zu machen.*

Eleonoras Vater / heißen / Joseph Schroth
Eleonora / sagen // sie / sein / mit / Schauspielerin / Hannelore Schroth / verwandt

Themen zur Diskussion

oder für kleine schriftliche Arbeiten

1. Machen Sie eine kurze psychologische Skizze von Eleonora Hanslbauer und Ingrid van Bergen. In Ihrer Skizze sollten Sie die Ähnlichkeiten zwischen den zwei Frauen betonen (*emphasize*).
2. Diskutieren Sie die Unterschiede im Lebensstil von Ingrid und Eleonora.
3. Beschreiben Sie eine typische Episode im Liebesleben von Ingrid van Bergen.
4. Drei- oder viermal im Bericht ist von Kühen und Pferden die Rede. Sind die Assoziationen um Kuh und Pferd positiv oder negativ? Wie verbinden (*connect*) diese Tiere (*animals*) die zwei Frauen?
5. Was für stabile Elemente gibt es in Ingrids Leben? Was ist die Quelle (*source*) ihrer Instabilität?
6. Vergleichen Sie (*compare*) Isidor Hanslbauer und Klaus Knaths.
7. Erfinden Sie (*invent*) eine glücklichere Biographie für Eleonora. Was wäre aus ihr geworden, wenn sie einen wirklich guten Mann gefunden hätte?

Herberts blaue Augen

Eine Moritat

GEORG KREISLER

die **Moritat** ballad

der **Verbrecher** criminal der **Schurke** scoundrel, rascal **infam** infamous

der **Spezi** chum, pal **retten** to save der **Gram** grief, sorrow

ein braver Mann a good guy, honest man

an·schauen to look at

der **Einbruch** burglary **auf Einbruch gehen*** to go (out) on a job

gefährlich dangerous

verhaften to arrest der **Profit** profit, gain

darauf thereupon **aus·gehen*** to go out (*i.e.,* on this job)

entgegen·kommen* to come towards (someone) **grad** *gerade,* just **zu Haus** *zu Hause*

hob: *past of* **heben*** to raise **erpicht** eager, ready

der **Schuß** shot **vorbei·gehen*** *here:* to miss

ziemlich rather **erschien:** *past of* **erscheinen*** to appear

nee *nein*

gestehen* to confess

Ich wäre ein Verbrecher, ein Schurke ganz infam,
doch hab ich einen Spezi, der rettet mich vor Gram.
Der Spezl, der heißt Herbert, und ist ein braver Mann.
Er hat zwei blaue Augen und schaut mich immer an.
Er hat zwei blaue Augen und schaut mich immer an.

Der Herbert wollte gehen auf Einbruch zu Herrn Kraus.
Ich hielt's für zu gefährlich und sprach:»Ich bleib zu Haus,
denn wenn man mich verhaftet, wo bleibt dann der Profit?«
Doch Herberts blaue Augen, die sagten mir: »Komm mit!«
Ja, Herberts blaue Augen, die sagten mir: »Komm mit!«

Darauf ging ich mit Herbert auf diesen Einbruch aus.
Herr Kraus kam uns entgegen, denn er war grad zu Haus.
Ich hob meine Pistole, denn ich war sehr erpicht,
doch Herberts blaue Augen, die sagten mir: »Schieß nicht!«
Ja, Herberts blaue Augen, die sagten mir: »Schieß nicht!«

Dann schoß der Herbert selber. Sein Schuß ging nicht vorbei.
Doch da er ziemlich laut war, erschien die Polizei.
Man fragte mich: »Warst du es?« Ich wollte sagen, Nee—
doch Herberts blaue Augen, die sagten mir: »Gesteh!«
Ja, Herberts blaue Augen, die sagten mir: »Gesteh!«

ward *wurde* **verurteilen** to sentence **im Wonnemonat Mai** in the merry month of May
enthaupten to behead **frei·sprechen*** to acquit
der **Richtblock** executioner's block die **Menge** crowd **nach Blut** for blood
Faß Mut! Chin up! Be brave!
Es wird noch alles gut. Everything will be O.K. **mein Jung** *mein Junge*

der **Henker** executioner **sah auf Herbert** *sah Herbert an* **erschöpft** exhausted
köpfen to behead
und darum and so **jemanden beim Schopf halten*** to hold someone by the hair (in order to tell him something important)
vertrauen (+ *dat.*) to trust

Ich ward zum Tod verurteilt im Wonnemonat Mai.
Enthauptet sollt ich werden. Den Herbert sprach man frei.
Ich lag schon auf dem Richtblock. Die Menge schrie nach Blut.
Doch Herberts blaue Augen, die sagten mir: »Faß Mut!
Es wird noch alles gut, mein Jung, es wird noch alles gut.«

Der Henker sah auf Herbert, doch Herbert war erschöpft
und schloß erschöpft die Augen. Daher ward ich geköpft.
Und darum, meine Tochter, halt ich dich heut beim Schopf.
Vertrau den blauen Augen nicht, sonst kostet es den Kopf.
Vertrau den blauen Augen nicht, sonst kostet es den Kopf.

Übungen

Fragen zur Diskussion

A. Beantworten Sie die folgenden Fragen so ausführlich wie möglich.

1. Was ist ein Spezi?
2. Können Sie Herbert beschreiben? Was sehen wir von ihm?
3. Warum sind Herbert und der Erzähler zu Herrn Kraus gegangen?
4. Ist der Erzähler freiwillig (*willingly*) mitgekommen?
5. Wer scheint der stärkere von den zwei Kameraden zu sein? Warum sagen Sie das?
6. Was hatten die zwei Einbrecher nicht erwartet?
7. Warum ist die Polizei gekommen?
8. Wen hat man verhaftet? Warum?
9. Was ist das Urteil des Gerichts?
10. Was soll man aus dieser traurigen Geschichte lernen?

B. Weitere Fragen

1. Handelt es sich hier um (*is it a question of*) Mord oder Totschlag?
2. In welchem Sinn ist der Erzähler doch an dem Tod von Herrn Kraus schuldig?
3. Sie sind ein psychiatrischer Gutachter für das Gericht. Was können Sie über Herbert sagen? Über den Erzähler?

Das Urteil

FRANZ KAFKA

das **Frühjahr** *der Frühling*

der **Kaufmann** businessman

niedrig low **leichtgebaut** lightly built, flimsy

entlang (+ *gen.*) along

die **Reihe** row die **Höhe** height die **Färbung** color
unterschieden different, differentiated **sich hin·ziehen*** (basic clause: *Häuser, die entlang des Flusses sich hinzogen*) to stretch out
an einen . . . Jugendfreund a friend who is out of the country[1]
verschließen* to seal
spielerisch playful die **Langsamkeit** slowness der **Ellbogen** elbow
gestützt propped

die **Brücke** bridge die **Anhöhe, -n** low hill das **Ufer** bank

nachdenken über (+ *acc.*) to think, reflect on

das **Fortkommen** progress, getting ahead

förmlich literally **sich flüchten** flee **betreiben*** to run, manage

sich gut an·lassen* to give promise, shape up well

stocken to stagnate

klagen to complain die **Fremde** foreign country **nutzlos** useless, needless **sich ab·arbeiten** to wear oneself out
fremdartig foreign-looking, strange der **Vollbart** full beard **verdecken** to hide, conceal, mask
gelb yellow die **Hautfarbe** skin color
sich entwickelnd developing (*part of another extended attributive*) **hin·deuten** to suggest, indicate
recht *here:* real die **Verbindung** connection, contact

---

[1] The basic clause is: *Er hatte gerade einen Brief an einen Jugendfreund beendet.* This basic sentence is complicated by what is called an *extended modifier,* which is a complex adjective that is usually derived from a verb. In this case, the verb is *sich befinden,* a reflexive verb that simply means *to be. Sich befindlich* is the adjective form of *sich befinden,* and it in turn is modified by the adverbial phrase *im Ausland,* which means *abroad* or *out of the country.* Thus the whole extended modifier is *sich im Ausland befindlich,* and it means to be out of the country. English does not use extended modifiers of this sort. It tends to give this kind of information in a relative clause; so where German might say *Er schreibt an einen sich im Ausland befindlichen Freund,* English would say "He's writing to a friend who is out of the country."

Es war an einem Sonntagvormittag im schönsten Frühjahr. Georg Bendemann, ein junger Kaufmann, saß in seinem Privatzimmer im ersten Stock eines der niedrigen, leichtgebauten Häuser, die entlang des Flusses in einer langen Reihe, fast nur in der Höhe und Färbung unterschieden, sich hinzogen. Er hatte gerade einen Brief an einen sich im Ausland befindlichen Jugendfreund beendet, verschloß ihn in spielerischer Langsamkeit und sah dann, den Ellbogen auf den Schreibtisch gestützt, aus dem Fenster auf den Fluß, die Brücke und die Anhöhen am anderen Ufer mit ihrem schwachen Grün.

Er dachte darüber nach, wie dieser Freund, mit seinem Fortkommen zu Hause unzufrieden, vor Jahren schon nach Rußland sich förmlich geflüchtet hatte. Nun betrieb er ein Geschäft in Petersburg, das anfangs sich sehr gut angelassen hatte, seit langem aber schon zu stocken schien, wie der Freund bei seinen immer seltener werdenden Besuchen klagte. So arbeitete er sich in der Fremde nutzlos ab, der fremdartige Vollbart verdeckte nur schlecht das seit den Kinderjahren wohlbekannte Gesicht, dessen gelbe Hautfarbe auf eine sich entwickelnde Krankheit hinzudeuten schien. Wie er erzählte, hatte er keine rechte Verbindung mit der

dortig adj. form of *dort* der **Landsmann,** die **Landsleute** compatriot

gesellschaftlich social der **Verkehr** contact **einheimisch** native, local

ein endgültiges Junggesellentum a permanent bachelorhood **sich ein·richten** to prepare oneself, resign oneself
einem solchen *so einem*
offenbar obviously **sich verrennen*** to take a wrong turn **bedauern** to pity

raten* to advise

die **Existenz** *das Leben* **hierher·verlegen** to move (back) here

die **Beziehung, -en** relationship
wofür kein Hindernis bestand *lit.:* for which there was no obstacle; which nothing stood in the way of **im übrigen** for the rest
vertrauen auf (+ *acc.*) to count on

gleichzeitig at the same time **je schonender, desto kränkender** the more considerately, the more insultingly
bisherig previous der **Versuch, -e** attempt **mißlungen** failed, miscarried
ab·lassen* von to stop (doing something)

ein für immer Zurückgekehrter someone who has returned for good, a returned prodigal son
an·staunen to stare at, gawk at
verstünde: *subjunctive II of* **verstehen**

erfolgreich successful

die **Plage** trouble, pain, "hassle" **an·tun*** to inflict on

der **Zweck** point, sense **gelingen*** to work (*in the sense of* to succeed) **überhaupt** at all, even

die **Verhältnisse** (*pl.*) the situation, the way things are, "things" die **Heimat** homeland
die **Fremde** alien land **verbittert** embittered
der **Ratschlag, ¨e** advice, piece of advice **entfremdet** alienated

der **Rat** advice

mit Absicht on purpose, intentionally die **Tatsache, -n** fact

würde . . . niedergedrückt (*passive and subjunctive II*) were (he) depressed **fände sich nicht . . . zurecht** (from **sich zurecht·finden*)** were he unable to get along (with his friends or without them)
litte: *subjunctive II of* **leiden,** to suffer die **Beschämung** shame, embarrassment
war es nicht viel besser für ihn, er blieb wouldn't it be better for him to stay (*these past-tense verbs act like subjunctives*)
der **Umstand, ¨e** circumstance
tatsächlich in fact, really **es vorwärts·bringen*** to get ahead, to make a go of it
aus diesen Gründen for these reasons
briefliche Verbindung (brieflich, *adj. form of* **Brief)** correspondence **aufrecht·erhalten*** to maintain
Mitteilungen machen to give news or information **ohne Scheu** without fear or reservation
der entfernteste Bekannte most casual acquaintance

notdürftig erklären to justify or explain in a scanty, unsatisfactory way

demnach accordingly

auch die kürzeste Abwesenheit . . . zu·lassen* to permit even the briefest absence

im Laufe (+ *gen.*) in the course of

dortigen Kolonie seiner Landsleute, aber auch fast keinen gesellschaftlichen Verkehr mit einheimischen Familien und richtete sich so für ein endgültiges Junggesellentum ein.

Was wollte man einem solchen Manne schreiben, der sich offenbar verrannt hatte, den man bedauern, dem man aber nicht helfen konnte. Sollte man ihm vielleicht raten, wieder nach Hause zu kommen, seine Existenz hierherzuverlegen, alle die alten freundschaftlichen Beziehungen wiederaufzunehmen—wofür ja kein Hindernis bestand—und im übrigen auf die Hilfe der Freunde zu vertrauen? Das bedeutete aber nichts anderes, als daß man ihm gleichzeitig, je schonender, desto kränkender, sagte, daß seine bisherigen Versuche mißlungen seien, daß er endlich von ihnen ablassen solle, daß er zurückkehren und sich als ein für immer Zurückgekehrter von allen mit großen Augen anstaunen lassen müsse, daß nur seine Freunde etwas verstünden und daß er ein altes Kind sei, das den erfolgreichen, zu Hause gebliebenen Freunden einfach zu folgen habe. Und war es dann noch sicher, daß alle die Plage, die man ihm antun müßte, einen Zweck hätte? Vielleicht gelang es nicht einmal, ihn überhaupt nach Hause zu bringen—er sagte ja selbst, daß er die Verhältnisse in der Heimat nicht mehr verstünde—und so bliebe er dann trotz allem in seiner Fremde, verbittert durch die Ratschläge und den Freunden noch ein Stück mehr entfremdet. Folgte er aber wirklich dem Rat und würde hier—natürlich nicht mit Absicht, aber durch die Tatsachen—niedergedrückt, fände sich nicht in seinen Freunden und nicht ohne sie zurecht, litte an Beschämung, hätte jetzt wirklich keine Heimat und keine Freunde mehr, war es da nicht viel besser für ihn, er blieb in der Fremde, so wie er war? Konnte man denn bei solchen Umständen daran denken, daß er es hier tatsächlich vorwärtsbringen würde?

Aus diesen Gründen konnte man ihm, wenn man noch überhaupt die briefliche Verbindung aufrechterhalten wollte, keine eigentlichen Mitteilungen machen, wie man sie ohne Scheu auch den entferntesten Bekannten machen würde. Der Freund war nun schon über drei Jahre nicht in der Heimat gewesen und erklärte dies sehr notdürftig mit der Unsicherheit der politischen Verhältnisse in Rußland, die demnach also auch die kürzeste Abwesenheit eines kleinen Geschäftsmannes nicht zuließen, während hunderttausende Russen ruhig in der Welt herumfuhren. Im Laufe dieser drei Jahre

sich verändern to change

der **Todesfall** death **erfolgen** to occur

in gemeinsamer Wirtschaft leben to share quarters, keep house together

Von dem Todesfall . . . erfahren* to learn of the death das **Beileid** sympathy (in a letter of condolence) die **Trockenheit** dryness, perfunctoriness
. . . die ihren Grund (the antecedent of *die* is *Trockenheit*)
die **Trauer** sorrow das **Ereignis** event, occurrence

unvorstellbar unimaginable

mit größerer Entschlossenheit an·packen to take hold of with greater decisiveness

Vielleicht hatte ihn . . . (basic clause: *Vielleicht hatte ihn der Vater an einer wirklichen, eigenen Tätigkeit gehindert.* The other clauses and phrases are adverbial.) **bei Lebzeiten der Mutter** when (his) mother was still alive
. . . dadurch, daß er im Geschäft nur seine Ansicht gelten lassen wollte by wanting only his views to carry weight at the office
eigen- of his own die **Tätigkeit** activity, function
hindern an (+ *dat.*) to keep (someone) from (something)
trotzdem *here:* although, in spite of the fact that **zurückhaltender** more reserved, withdrawn
der glückliche Zufall, ¨e happy circumstance
jedenfalls in any case

unerwartet unexpectedly das **Personal** staff, personnel

verdoppeln to double der **Umsatz** turnover (in business) **verfünffachen** to increase fivefold **ein weiterer Fortschritt** continued progress
zweifellos doubtlessly, undoubtedly **bevor·stehen*** to be imminent
die **Ahnung** notion die **Veränderung** change
der **Beileidsbrief** letter of condolence

die **Auswanderung** emigration **überreden zu** to talk (someone) into

die **Aussichten** prospects **sich verbreiten über** (+ *acc.*) to expand on, enlarge upon

der **Geschäftszweig** branch of a business **bestehen*** to exist, be

die **Ziffern** (*pl.*) the figures **verschwindend** small to the point of disappearing **gegenüber dem Umfang** (as measured) against the volume

keine Lust no desire

der **Erfolg, -e** success **jetzt nachträglich** now after the fact

einen merkwürdigen Anschein haben to look strange, suspicious

sich beschränken auf (+ *acc.*) to restrict oneself to

bedeutungslose Vorfälle insignificant things
nach·denken* to meditate, think
wie sie sich . . . in der Erinnerung ungeordnet aufhäufen (*sie* refers to *bedeutungslose Vorfälle*) as they accumulate in no particular order in one's memory
die Vorstellung ungestört lassen* to leave the (mental) image undisturbed

die **Zwischenzeit** meantime

sich ab·finden* mit to come to terms with

die **Verlobung** engagement **eines gleichgültigen Menschen** of just some person or other

auseinanderliegend separate **an·zeigen** to announce

allerdings of course

hatte sich aber gerade für Georg vieles verändert. Von dem Todesfall von Georgs Mutter, der vor etwa zwei Jahren erfolgt war und seit welchem Georg mit seinem alten Vater in gemeinsamer Wirtschaft lebte, hatte der Freund wohl noch erfahren und sein Beileid in einem Brief mit einer Trockenheit ausgedrückt, die ihren Grund nur darin haben konnte, daß die Trauer über ein solches Ereignis in der Fremde ganz unvorstellbar wird. Nun hatte aber Georg seit jener Zeit, so wie alles andere, auch sein Geschäft mit größerer Entschlossenheit angepackt. Vielleicht hatte ihn der Vater bei Lebzeiten der Mutter dadurch, daß er im Geschäft nur seine Ansicht gelten lassen wollte, an einer wirklichen eigenen Tätigkeit gehindert, vielleicht war der Vater seit dem Tode der Mutter, trotzdem er noch immer im Geschäft arbeitete, zurückhaltender geworden, vielleicht spielten—was sogar sehr wahrscheinlich war—glückliche Zufälle eine weit wichtigere Rolle, jedenfalls aber hatte sich das Geschäft in diesen zwei Jahren ganz unerwartet entwickelt, das Personal hatte man verdoppeln müssen, der Umsatz hatte sich verfünffacht, ein weiterer Fortschritt stand zweifellos bevor.

Der Freund aber hatte keine Ahnung von dieser Veränderung. Früher, zum letztenmal vielleicht in jenem Beileidsbrief, hatte er Georg zur Auswanderung nach Rußland überreden wollen und sich über die Aussichten verbreitet, die gerade für Georgs Geschäftszweig in Petersburg bestanden. Die Ziffern waren verschwindend gegenüber dem Umfang, den Georgs Geschäft jetzt angenommen hatte. Georg aber hatte keine Lust gehabt, dem Freund von seinen geschäftlichen Erfolgen zu schreiben, und hätte er es jetzt nachträglich getan, es hätte wirklich einen merkwürdigen Anschein gehabt.

So beschränkte sich Georg darauf, dem Freund immer nur über bedeutungslose Vorfälle zu schreiben, wie sie sich, wenn man an einem ruhigen Sonntag nachdenkt, in der Erinnerung ungeordnet aufhäufen. Er wollte nichts anderes, als die Vorstellung ungestört lassen, die sich der Freund von der Heimatstadt in der langen Zwischenzeit wohl gemacht und mit welcher er sich abgefunden hatte. So geschah es Georg, daß er dem Freund die Verlobung eines gleichgültigen Menschen mit einem ebenso gleichgültigen Mädchen dreimal in ziemlich weit auseinanderliegenden Briefen anzeigte, bis sich dann allerdings der Freund, ganz gegen

ganz gegen Georgs Absicht quite counter to Georg's intention die **Merkwürdigkeit** remarkable thing

zugestehen* to admit

wohlhabend wealthy **sich verloben mit** to get engaged to
die **Braut** fiancée das **Korrespondenzverhältnis** correspondence

die **Hochzeit** wedding
das **Recht** right
stören to disturb, bother

gezwungen forced **geschädigt** wronged, let down
beneiden to envy
unfähig incapable **jemals** ever **beseitigen** overcome

erfahren* to find out about **verhindern** to prevent
die **Lebensweise** way of life

Ja, das ist unser beider Schuld *lit.:* that is the fault of both of us; *i.e.,* both of us are to blame for that
anders otherwise
rasch atmend breathing fast, hard **der Kuß, ⸚sse** kiss **vor·bringen*** to say, come out with
kränken to annoy, irritate **unverfänglich** harmless

hin·nehmen* to take (*in the sense of* to accept someone)
heraus·schneiden* to cut out
geeigneter more suitable

tatsächlich in fact, really **berichten** to report
erfolgt already concluded or effected
die **Neuigkeit** piece of news **bis zum Schluß** for the end **auf·sparen** to save

Deiner your (all forms of *du* are capitalized in a letter) die **Abreise** departure **sich an·siedeln** to settle, take up residence
Es wird sich noch Gelegenheit finden (die **Gelegenheit,** *opportunity*) *lit.:* An opportunity will present itself; *here:* There will be plenty of time
Näheres (in) more detail **mit·teilen** to inform, tell **genüge Dir** suffice to say
gegenseitig mutual
das **Verhältnis** relationship

herzlich grüßen lassen* to send warm regards **nächstens** very soon

Georgs Absicht, für diese Merkwürdigkeit zu interessieren begann.

Georg schrieb ihm aber solche Dinge viel lieber, als daß er zugestanden hätte, daß er selbst vor einem Monat mit einem Fräulein Frieda Brandenfeld, einem Mädchen aus wohlhabender Familie, sich verlobt hatte. Oft sprach er mit seiner Braut über diesen Freund und das besondere Korrespondenzverhältnis, in welchem er zu ihm stand. »Er wird also gar nicht zu unserer Hochzeit kommen«, sagte sie, »und ich habe doch das Recht, alle deine Freunde kennenzulernen.« »Ich will ihn nicht stören«, antwortete Georg, »verstehe mich recht, er würde wahrscheinlich kommen, wenigstens glaube ich es, aber er würde sich gezwungen und geschädigt fühlen, vielleicht mich beneiden und sicher unzufrieden und unfähig, diese Unzufriedenheit jemals zu beseitigen, allein wieder zurückfahren. Allein—weißt du, was das ist?« »Ja, kann er denn von unserer Heirat nicht auch auf andere Weise erfahren?« »Das kann ich allerdings nicht verhindern, aber es ist bei seiner Lebensweise unwahrscheinlich.« »Wenn du solche Freunde hast, Georg, hättest du dich überhaupt nicht verloben sollen.« »Ja, das ist unser beider Schuld; aber ich wollte es auch jetzt nicht anders haben.« Und wenn sie dann, rasch atmend unter seinen Küssen, noch vorbrachte. »Eigentlich kränkt es mich doch«, hielt er es wirklich für unverfänglich, dem Freund alles zu schreiben. »So bin ich und so hat er mich hinzunehmen«, sagte er sich, »ich kann nicht aus mir einen Menschen herausschneiden, der vielleicht für die Freundschaft mit ihm geeigneter wäre, als ich es bin.«

Und tatsächlich berichtete er seinem Freunde in dem langen Brief, den er an diesem Sonntagvormittag schrieb, die erfolgte Verlobung mit folgenden Worten: »Die beste Neuigkeit habe ich mir bis zum Schluß aufgespart. Ich habe mich mit einem Fräulein Frieda Brandenfeld verlobt, einem Mädchen aus einer wohlhabenden Familie, die sich hier erst lange nach Deiner Abreise angesiedelt hat, die Du also kaum kennen dürftest. Es wird sich noch Gelegenheit finden, Dir Näheres über meine Braut mitzuteilen, heute genüge Dir, daß ich recht glücklich bin und daß sich in unserem gegenseitigen Verhältnis nur insofern etwas geändert hat, als Du jetzt in mir statt eines ganz gewöhnlichen Freundes einen glücklichen Freund haben wirst. Außerdem bekommst Du in meiner Braut, die Dich herzlich grüßen läßt, und die Dir näch-

aufrichtig sincere, genuine

der **Junggeselle** bachelor die **Bedeutung** meaning **was . . . ist** (The antecedent of the relative pronoun *was* is the whole idea that Georg's friend will be gaining a new friend.)
vielerlei many things

das **Hindernis, -se** obstacle **über den Haufen werfen*** to throw aside

Aber wie dies auch sein mag But be that as it may **handeln** to act

die **Rücksicht** concern, consideration (for someone else) **nach Deiner Wohlmeinung** as you see fit

zugekehrt turned to

im Vorübergehen in passing by die **Gasse** street (alley)

ein abwesendes Lächeln an absent smile

stecken to put, stick

quer durch right across der **Gang** hall, corridor

Es bestand . . . keine Nötigung dazu There was no compelling reason to do so

verkehren to deal with, traffic with **ständig** constantly

das **Speisehaus** eating place

sich versorgen to look after oneself **zwar** to be sure **nach Belieben** at (his) own discretion, convenience

häufig frequently **geschehen*** to happen **beisammen** *zusammen*

ein Weilchen a little while

gemeinsam common **staunen** to be surprised, amazed

der **Schatten** shadow

die **Mauer** wall **jenseits** (+ *gen.*) on the far side of **schmal** narrow der **Hof** courtyard **sich erheben*** to rise
verschieden various
das **Andenken, —** memento, relic **selig** *lit.:* blessed; *here:* deceased, late **aus·schmücken** to decorate
seitlich sideways
die **Augenschwäche** weakness of the eyes **aus·gleichen*** to compensate (for) **suchen** *versuchen*
die **Reste** (*pl.*) remains
verzehren to eat, devour
entgegen·gehen* (+ *dat.*) to go toward

der **Schlafrock** bathrobe

das **Ende, -n** tails **umflattern** to flutter around **noch immer** *immer noch*

der **Riese** giant

unerträglich unbearable

im Nachhang zum Früheren in continuation of (what he'd said) earlier stens selbst schreiben wird, eine aufrichtige Freundin, was für einen Junggesellen nicht ganz ohne Bedeutung ist. Ich weiß, es hält Dich vielerlei von einem Besuche bei uns zurück, wäre aber nicht gerade meine Hochzeit die richtige Gelegenheit, einmal alle Hindernisse über den Haufen zu werfen? Aber wie dies auch sein mag, handle ohne alle Rücksicht und nur nach Deiner Wohlmeinung.«

Mit diesem Brief in der Hand war Georg lange, das Gesicht dem Fenster zugekehrt, an seinem Schreibtisch gesessen. Einem Bekannten, der ihn im Vorübergehen von der Gasse aus gegrüßt hatte, hatte er kaum mit einem abwesenden Lächeln geantwortet.

Endlich steckte er den Brief in die Tasche und ging aus seinem Zimmer quer durch einen kleinen Gang in das Zimmer seines Vaters, in dem er schon seit Monaten nicht gewesen war. Es bestand auch sonst keine Nötigung dazu, denn er verkehrte mit seinem Vater ständig im Geschäft, das Mittagessen nahmen sie gleichzeitig in einem Speisehaus ein, abends versorgte sich zwar jeder nach Belieben, doch saßen sie dann meistens, wenn nicht Georg, wie es am häufigsten geschah, mit Freunden beisammen war oder jetzt seine Braut besuchte, noch ein Weilchen, jeder mit seiner Zeitung, im gemeinsamen Wohnzimmer. Georg staunte darüber, wie dunkel das Zimmer des Vaters selbst an diesem sonnigen Vormittag war. Einen solchen Schatten warf also die hohe Mauer, die sich jenseits des schmalen Hofes erhob. Der Vater saß beim Fenster in einer Ecke, die mit verschiedenen Andenken an die selige Mutter ausgeschmückt war, und las die Zeitung, die er seitlich vor die Augen hielt, wodurch er irgendeine Augenschwäche auszugleichen suchte. Auf dem Tisch standen die Reste des Frühstücks, von dem nicht viel verzehrt zu sein schien.

»Ah, Georg!« sagte der Vater und ging ihm gleich entgegen. Sein schwerer Schlafrock öffnete sich im Gehen, die Enden umflatterten ihn—‚Mein Vater ist noch immer ein Riese', sagte sich Georg.

»Hier ist es ja unerträglich dunkel«, sagte er dann.

»Ja, dunkel ist es schon«, antwortete der Vater.

»Das Fenster hast du auch geschlossen?«

»Ich habe es lieber so.«

»Es ist ja ganz warm draußen«, sagte Georg, wie im Nachhang zu dem Früheren, und setzte sich.

das **Frühstücksgeschirr** breakfast dishes **ab·räumen** to clear off, pick up

der **Kasten** chest of drawers

fort·fahren* to continue

die **Bewegung, -en** movement

die **Verlobung** engagement **an·zeigen** to announce

die **Brust** chest **kreuzen** to cross

die **Betonung** emphasis

verschweigen* to be quiet about, not say anything about **aus Rücksichtnahme** out of consideration
schwierig difficult (in temperament)
von anderer Seite from some other quarter
wenn das auch . . . even though . . . **einsam** lonely, alone

die **Lebensweise** life style

sich etwas wieder anders überlegen to change one's mind

der **Fensterbord** windowsill

die **Brille** (*sing.*) glasses, spectacles **bedecken** to cover

ein Glück a good thing, a stroke of luck

zögern to hesitate **Ehe ich jedoch . . .** However, before I . . .

einen Brief ein·werfen* to mail a letter

zahnlos toothless **den Mund in die Breite ziehen*** to grin

die Sache matter

sich beraten* mit to talk over, consult **Das ehrt dich . . .** That does you credit . . . **ohne Zweifel** without a doubt
ärger worse
die **Wahrheit** truth

auf·rühren to stir up, bring up **hierher gehören** to belong here

vor·gehen* to occur, happen

entgeht mir manches much escapes me

verbergen* to hide, conceal

die Annahme machen to make the assumption

kräftig strong das **Gedächtnis** memory **nach·lassen*** to weaken, fail

der **Blick** the eye (ability to survey)

der **Ablauf** course

Der Vater räumte das Frühstücksgeschirr ab und stellte es auf einen Kasten.

»Ich wollte dir eigentlich nur sagen«, fuhr Georg fort, der den Bewegungen des alten Mannes ganz verloren folgte, »daß ich nun doch nach Petersburg meine Verlobung angezeigt habe.« Er zog den Brief ein wenig aus der Tasche und ließ ihn wieder zurückfallen.

»Nach Petersburg?« fragte der Vater.

»Meinem Freunde doch«, sagte Georg und suchte des Vaters Augen. —Im Geschäft ist er doch ganz anders, dachte er, wie er hier breit sitzt und die Arme über der Brust kreuzt.

»Ja. Deinem Freunde«, sagte der Vater mit Betonung.

»Du weißt doch, Vater, daß ich ihm meine Verlobung zuerst verschweigen wollte. Aus Rücksichtnahme, aus keinem anderen Grunde sonst. Du weißt selbst, er ist ein schwieriger Mensch. Ich sagte mir, von anderer Seite kann er von meiner Verlobung wohl erfahren, wenn das auch bei seiner einsamen Lebensweise kaum wahrscheinlich ist—das kann ich nicht hindern—, aber von mir selbst soll er es nun einmal nicht erfahren.«

»Und jetzt hast du es dir wieder anders überlegt?« fragte der Vater, legte die große Zeitung auf den Fensterbord und auf die Zeitung die Brille, die er mit der Hand bedeckte.

»Ja, jetzt habe ich es mir wieder überlegt. Wenn er mein guter Freund ist, sagte ich mir, dann ist meine glückliche Verlobung auch für ihn ein Glück. Und deshalb habe ich nicht mehr gezögert, es ihm anzuzeigen. Ehe ich jedoch den Brief einwarf, wollte ich es dir sagen.«

»Georg«, sagte der Vater und zog den zahnlosen Mund in die Breite, »hör einmal! Du bist wegen dieser Sache zu mir gekommen, um dich mit mir zu beraten. Das ehrt dich ohne Zweifel. Aber es ist nichts, es ist ärger als nichts, wenn du mir jetzt nicht die volle Wahrheit sagst. Ich will nicht Dinge aufrühren, die nicht hierher gehören. Seit dem Tode unserer teueren Mutter sind gewisse unschöne Dinge vorgegangen. Vielleicht kommt auch für sie die Zeit, und vielleicht kommt sie früher, als wir denken. Im Geschäft entgeht mir manches, es wird mir vielleicht nicht verborgen—ich will jetzt gar nicht die Annahme machen, daß es mir verborgen wird—, ich bin nicht mehr kräftig genug, mein Gedächtnis läßt nach, ich habe nicht mehr den Blick für alle die vielen Sachen. Das ist erstens der Ablauf der Natur, und zweitens hat mich der

nieder·schlagen* to depress

täuschen to deceive

die **Kleinigkeit** little thing **nicht des Atems wert** not worth mentioning

verlegen confused, embarrassed

ersetzen to replace

sich schonen to take it easy, save one's strength das **Alter** age

verlangen to demand das **Recht, -e** right **unentbehrlich** indispensable

bedrohen to threaten **sperren** to close

ein·führen to institute **von Grund aus** from the ground up; completely

nippen to nibble, poke at

stärken to take nourishment

die **Vorschrift, -en** order

wechseln to change das **Vorderzimmer** front room

wird . . . mit übertragen werden will be moved along with (you)

unbedingt absolutely

die **Ruhe** rest **beim Ausziehen helfen*** to help (someone) get undressed (*beim* plus a capitalized infinitive is often found with *helfen;* e.g., *beim Aufräumen helfen,* to help straighten up) (**Ausziehn:** *colloq. spelling of* **Ausziehen**)

vorläufig for the time being

vernunftig reasonable

knapp neben right next to

struppig disheveled

neider·knien to kneel

die **Pupille, -n** pupil (of the eye) **übergroß** outsize, overlarge

der **Winkel, —** corner **auf sich gerichtet** directed at him

der **Spaßmacher** joker **mir gegenüber** toward me, with me

sich zurück·halten* to restrain oneself

nach·denken* to think back

der **Sessel** easy chair **zog . . . aus:** *past of* **aus·ziehen*** to take off

zu Besuch on a visit

Tod unseres Mütterchens viel mehr niedergeschlagen als dich.—Aber weil wir gerade bei dieser Sache halten, bei diesem Brief, so bitte ich dich, Georg, täusche mich nicht. Es ist eine Kleinigkeit, es ist nicht des Atems wert, also täusche mich nicht. Hast du wirklich diesen Freund in Petersburg?«

Georg stand verlegen auf. »Lassen wir meine Freunde sein. Tausend Freunde ersetzen mir nicht meinen Vater. Weißt du, was ich glaube? Du schonst dich nicht genug. Aber das Alter verlangt seine Rechte. Du bist mir im Geschäft unentbehrlich, das weißt du ja sehr genau, aber wenn das Geschäft deine Gesundheit bedrohen sollte, sperre ich es noch morgen für immer. Das geht nicht. Wir müssen da eine andere Lebensweise für dich einführen. Aber von Grund aus. Du sitzt hier im Dunkeln und im Wohnzimmer hättest du schönes Licht. Du nippst vom Frühstück, statt dich ordentlich zu stärken. Du sitzt bei geschlossenem Fenster, und die Luft würde dir so gut tun. Nein, mein Vater! Ich werde den Arzt holen, und seinen Vorschriften werden wir folgen. Die Zimmer werden wir wechseln, du wirst ins Vorderzimmer ziehen, ich hierher. Es wird keine Veränderung für dich sein, alles wird mit übertragen werden. Aber das alles hat Zeit, jetzt lege dich noch ein wenig ins Bett, du brauchst unbedingt Ruhe. Komm, ich werde dir beim Ausziehn helfen, du wirst sehn, ich kann es. Oder willst du gleich ins Vorderzimmer gehn, dann legst du dich vorläufig in mein Bett. Das wäre übrigens sehr vernünftig.«

Georg stand knapp neben seinem Vater, der den Kopf mit dem struppigen weißen Haar auf die Brust hatte sinken lassen.

»Georg«, sagte der Vater leise, ohne Bewegung.

Georg kniete sofort neben dem Vater nieder, er sah die Pupillen in dem müden Gesicht des Vaters übergroß in den Winkeln der Augen auf sich gerichtet.

»Du hast keinen Freund in Petersburg. Du bist immer ein Spaßmacher gewesen und hast dich auch mir gegenüber nicht zurückgehalten. Wie solltest du denn gerade dort einen Freund haben! Das kann ich gar nicht glauben.«

»Denk doch einmal nach, Vater«, sagte Georg, hob den Vater vom Sessel und zog ihm, wie er nun doch recht schwach dastand, den Schlafrock aus, »jetzt wird es bald drei Jahre her sein, da war mein Freund bei uns zu Besuch.

verleugnen to deny (his existence or presence)
trotzdem *obwohl*
die Abneigung gegen aversion to, antipathy toward, dislike for
die **Eigentümlichkeiten** (*pl.*) peculiarities
sich mit jemandem unterhalten* to have a conversation with someone
nicken to nod

der **Tumult** riot, public disorder der **Geistliche** (*adj. noun*) priest
das **Blutkreuz** bloody cross
die **Menge** crowd **an·rufen*** to shout to, exhort

währenddessen meanwhile
die **Trikothose** long underwear
die **Leinenunterhose, -n** linen underpants
beim Anblick at the sight of **rein** clean die **Wäsche** underclothes
sich Vorwürfe machen to reproach oneself **vernachlässigt zu haben** (*perfective inf.*) to have neglected
die **Pflicht** duty
der **Wäschewechsel** change of underwear **wachen über** (+ *acc.*) to watch over
die **Zukunft** the future **ein·richten** to arrange
ausdrücklich expressly, explicitly
stillschweigend tacitly **voraus·setzen** to assume

künftig future (*adj.*)

die **Pflege** care **bereitet werden*** (*passive inf.*) to be made ready

auf seinen Armen in his arms

merken to notice
die **Uhrkette** watch chain
fest firmly, fast (*in the sense of* tightly)
zu·decken to cover up
die **Bettdecke** bedspread
die **Schulter** shoulder

aufmunternd encouragingly
als könne er *als ob er könnte*
nach·schauen to check

Ich erinnere mich noch, daß du ihn nicht besonders gern hattest. Wenigstens zweimal habe ich ihn vor dir verleugnet, trotzdem er gerade bei mir im Zimmer saß. Ich konnte ja deine Abneigung gegen ihn ganz gut verstehn, mein Freund hat seine Eigentümlichkeiten. Aber dann hast du dich doch auch wieder ganz gut mit ihm unterhalten. Ich war damals noch so stolz darauf, daß du ihm zuhörtest, nicktest und fragtest. Wenn du nachdenkst, mußt du dich erinnern. Er erzählte damals unglaubliche Geschichten von der Russischen Revolution. Wie er zum Beispiel auf einer Geschäftsreise in Kiew bei einem Tumult einen Geistlichen auf einem Balkon gesehen hatte, der sich ein breites Blutkreuz in die flache Hand schnitt, diese Hand erhob und die Menge anrief. Du hast ja selbst diese Geschichte hier und da wiedererzählt.«

Währenddessen war es Georg gelungen, den Vater wieder niederzusetzen und ihm die Trikothose, die er über den Leinenunterhosen trug, sowie die Socken vorsichtig auszuziehn. Beim Anblick der nicht besonders reinen Wäsche machte er sich Vorwürfe, den Vater vernachlässigt zu haben. Es wäre sicherlich auch seine Pflicht gewesen, über den Wäschewechsel seines Vaters zu wachen. Er hatte mit seiner Braut darüber, wie sie die Zukunft des Vaters einrichten wollten, noch nicht ausdrücklich gesprochen, denn sie hatten stillschweigend vorausgesetzt, daß der Vater allein in der alten Wohnung bleiben würde. Doch jetzt entschloß er sich kurz mit aller Bestimmtheit, den Vater in seinen künftigen Haushalt mitzunehmen. Es schien ja fast, wenn man genauer zusah, daß die Pflege, die dort dem Vater bereitet werden sollte, zu spät kommen könnte.

Auf seinen Armen trug er den Vater ins Bett. Ein schreckliches Gefühl hatte er, als er während der paar Schritte zum Bett hin merkte, daß an seiner Brust der Vater mit seiner Uhrkette spielte. Er konnte ihn nicht gleich ins Bett legen, so fest hielt er sich an dieser Uhrkette.

Kaum war er aber im Bett, schien alles gut. Er deckte sich selbst zu und zog dann die Bettdecke noch besonders weit über die Schulter. Er sah nicht unfreundlich zu Georg hinauf.

»Nicht wahr, du erinnerst dich schon an ihn?« fragte Georg und nickte ihm aufmunternd zu.

»Bin ich jetzt gut zugedeckt?« fragte der Vater, als könne er nicht nachschauen, ob die Füße genug bedeckt seien.

das **Deckzeug** bedclothes

auf·passen to await (attentively)

stoßen* an (+ *acc.*) to run into
die **Kraft** strength
im Fluge in flight **sich entfalten** to unfold **aufrecht** upright
der **Plafond** ceiling
mein Früchtchen *lit.:* "my little fruit"; young scamp

nach meinem Herzen after my own heart
betrogen: *past part. of* **betrügen*** to betray, to deceive
weinen um cry for
sperren to lock
das **Briefchen** dim. of *der Brief*

lehren to teach **durchschauen** to see through
unter·kriegen to get (someone) down
der **Hintere** rear end
sich rühren to stir, move
zum Heiraten to marry, get married **sich entschließen*** to decide
das **Schreckbild** horrible image, vision **auf·sehen* zu** to look up to (at)
ergreifen* to seize, move emotionally

ausgeraubt plundered
die **Trümmer** (*pl.*) ruins das **Regal, -e** shelf **zerfetzt** tattered, torn die **Waren** (*pl.*) goods, wares
der **Gasarm, -e** arm of the gaslight fixture

zerstreut absentmindedly **fassen** to comprehend **stocken** to stop, falter, hesitate
der **Rock, ¨e** skirt **flöten** to flute; *i.e.,* to speak in a flutelike tone, a high voice
die widerliche Gans disgusting goose (*"goose" is harsher in German than in English*)
dar·stellen to depict
der **Oberschenkel** thigh die **Narbe** scar

sich heran·machen an (+ *acc.*) to force oneself on, "make up to" someone
ohne Störung undisturbed **sich befriedigen** to gratify oneself **unserer Mutter Andenken** our mother's memory
schänden to desecrate **verraten*** to betray
sich rühren to move

»Es gefällt dir also schon im Bett«, sagte Georg und legte das Deckzeug besser um ihn.

»Bin ich gut zugedeckt?« fragte der Vater noch einmal und schien auf die Antwort besonders aufzupassen.

»Sei nur ruhig, du bist gut zugedeckt.«

»Nein!« rief der Vater, daß die Antwort an die Frage stieß, warf die Decke zurück mit einer Kraft, daß sie einen Augenblick im Fluge sich ganz entfaltete, und stand aufrecht im Bett. Nur eine Hand hielt er leicht an den Plafond. »Du wolltest mich zudecken, das weiß ich, mein Früchtchen, aber zugedeckt bin ich noch nicht. Und ist es auch die letzte Kraft, genug für dich, zuviel für dich. Wohl kenne ich deinen Freund. Er wäre ein Sohn nach meinem Herzen. Darum hast du ihn auch betrogen die ganzen Jahre lang. Warum sonst? Glaubst du, ich habe nicht um ihn geweint? Darum doch sperrst du dich in dein Büro, niemand soll stören, der Chef ist beschäftigt—nur damit du deine falschen Briefchen nach Rußland schreiben kannst. Aber den Vater muß glücklicherweise niemand lehren, den Sohn zu durchschauen. Wie du jetzt geglaubt hast, du hättest ihn untergekriegt, so untergekriegt, daß du dich mit deinem Hintern auf ihn setzen kannst und er rührt sich nicht, da hat sich mein Herr Sohn zum Heiraten entschlossen!«

Georg sah zum Schreckbild seines Vaters auf. Der Petersburger Freund, den der Vater plötzlich so gut kannte, ergriff ihn wie noch nie. Verloren im weiten Rußland sah er ihn. An der Türe des leeren, ausgeraubten Geschäftes sah er ihn. Zwischen den Trümmern der Regale, den zerfetzten Waren, den fallenden Gasarmen stand er gerade noch. Warum hatte er so weit wegfahren müssen!

»Aber schau mich an!« rief der Vater, und Georg lief, fast zerstreut, zum Bett, um alles zu fassen, stockte aber in der Mitte des Weges.

»Weil sie die Röcke gehoben hat«, fing der Vater zu flöten an, »weil sie die Röcke so gehoben hat, die widerliche Gans«, und er hob, um das darzustellen, sein Hemd so hoch, daß man auf seinem Oberschenkel die Narbe aus seinen Kriegsjahren sah, »weil sie die Röcke so und so und so gehoben hat, hast du dich an sie herangemacht, und damit du an ihr ohne Störung dich befriedigen kannst, hast du unserer Mutter Andenken geschändet, den Freund verraten und deinen Vater ins Bett gesteckt, damit er sich nicht rühren kann. Aber

die Beine werfen* to kick out one's legs **er strahlte vor Einsicht** he glowed with (his) insight
der **Winkel** corner

vollkommen completely **beobachten** to observe
auf Umwegen from unexpected quarters

der **Entschluß** resolve, decision
der **Faden** thread das **Nadelöhr** eye of a needle
sein hin und her bewegter Zeigefinger his wagging index finger
bekräftigen to underscore, emphasize der **Vertreter** representative
der **Ort** place
der **Komödiant** comedian **sich enthalten*** to refrain
der **Schaden** damage, harm **biß:** *past of* **beißen*** to bite
erstarrt fixed, frozen die **Zunge** tongue **vor Schmerz** from pain **ein·knicken** to bend over, buckle

der **Trost** comfort, consolation **verwitwet** widowed

was blieb mir übrig *lit.:* what was left for me to do; *here:* what else could I do das **Hinterzimmer** back room
verfolgt pursued **bis in die Knochen** to the very bones
im Jubel jubilantly
Geschäfte ab·schließen to close deals **sich überpurzeln** to do cartwheels
vor Vergnügen from pleasure **verschlossen** closed, unreadable
das **Gesicht** face der **Ehrenmann** respectable man, man of honor

sich vor·beugen to lean over
zerschmettern to smash, shatter **durchzischen** to whiz through

sich nähern to approach **sich erheben*** to rise, straighten up

Daß du dich nicht irrst! (sich irren, *to be wrong***)** Don't fool yourself!
zurück·weichen* to give ground, yield

sich verbinden* mit to ally oneself with, make common cause with
die **Kundschaft** (*sing.*) customers

die **Bemerkung** remark

immerfort constantly
sich ein·hängen in (+ *acc.*) to link arms (with someone) **entgegen·kommen*** to come toward
weg·fegen to sweep away

kann er sich rühren oder nicht?« Und er stand vollkommen frei und warf die Beine. Er strahlte vor Einsicht.

Georg stand in einem Winkel, möglichst weit vom Vater. Vor einer langen Weile hatte er sich fest entschlossen, alles vollkommen genau zu beobachten, damit er nicht irgendwie auf Umwegen, von hinten her, von oben herab überrascht werden könne. Jetzt erinnerte er sich wieder an den längst vergessenen Entschluß und vergaß ihn, wie man einen kurzen Faden durch ein Nadelöhr zieht. »Aber der Freund ist nun doch nicht verraten!« rief der Vater, und sein hin und her bewegter Zeigefinger bekräftigte es. »Ich war sein Vertreter hier am Ort.«

»Komödiant!« konnte sich Georg zu rufen nicht enthalten, erkannte sofort den Schaden und biß, nur zu spät, —die Augen erstarrt—in seine Zunge, daß er vor Schmerz einknickte.

»Ja, freilich habe ich Komödie gespielt! Komödie! Gutes Wort! Welcher andere Trost blieb dem alten verwitweten Vater? Sag—und für den Augenblick der Antwort sei du noch mein lebender Sohn—, was blieb mir übrig, in meinem Hinterzimmer, verfolgt vom ungetreuen Personal, alt bis in die Knochen? Und mein Sohn ging im Jubel durch die Welt, schloß Geschäfte ab, die ich vorbereitet hatte, überpurzelte sich vor Vergnügen und ging vor seinem Vater mit dem verschlossenen Gesicht eines Ehrenmannes davon! Glaubst du, ich hätte dich nicht geliebt, ich, von dem du ausgingst?«

Jetzt wird er sich vorbeugen, dachte Georg, wenn er fiele und zerschmetterte! Dieses Wort durchzischte seinen Kopf.

Der Vater beugte sich vor, fiel aber nicht. Da Georg sich nicht näherte, wie er erwartet hatte, erhob er sich wieder.

»Bleib, wo du bist, ich brauche dich nicht! Du denkst, du hast noch die Kraft, hierherzukommen, und hältst dich bloß zurück, weil du so willst. Daß du dich nicht irrst! Ich bin noch immer der viel Stärkere. Allein hätte ich vielleicht zurückweichen müssen, aber so hat mir die Mutter ihre Kraft abgegeben, mit deinem Freund habe ich mich herrlich verbunden, deine Kundschaft habe ich hier in der Tasche!«

‚Sogar im Hemd hat er Taschen!' sagte sich Georg und glaubte, er könne ihn mit dieser Bemerkung in der ganzen Welt unmöglich machen. Nur einen Augenblick dachte er das, denn immerfort vergaß er alles.

»Häng dich nur in deine Braut ein und komm mir entgegen! Ich fege sie dir von der Seite weg, du weißt nicht, wie!«

die **Grimasse, -n** grimace
nicken to nod
beteuren to affirm
unterhalten* to entertain, amuse

das **Schreibzeug** (*sing.*) writing things

zerknüllen to crumple
sich vor·halten* to hold out in front of oneself
vor Begeisterung in (his) enthusiasm

verlachen to ridicule

todernst deadly earnest der **Klang** sound

kümmern to bother
das **Zeitungsblatt** newspaper page

zögern to hesitate, delay **reif** ripe; mature
der **Freudentag** the joyous day
erleben to experience **zugrunde·gehen*** to "go to pot"; to be ruined
gelb zum Wegwerfen yellow enough (with ill health) to be thrown away
wie es mit mir steht how it is with me
auf·lauern (+ *dat.*) to lie in wait (for someone)
mitleidig full of sympathy **nebenbei** as an aside
passen to be appropriate, to matter

unschuldig innocent
teuflisch diabolical
wisse: *imperative of* **wissen** **verurteilen** to sentence, condemn
das **Ertrinken** drowning
gejagt chased, pursued der **Schlag** crash
stürzen to fall
die **Treppe** stairs die **Stufe, -n** step
eine schiefe Fläche a tilted surface **eilen** to hurry **überrumpeln** to catch by surprise die **Bedienerin** charwoman, maid
im Begriff sein* to be in the process of (doing something), to be about to (do something)
auf·räumen to straighten up, clean up
die **Schürze** apron

Georg machte Grimassen, als glaube er das nicht. Der Vater nickte bloß, die Wahrheit dessen, was er sagte, beteuernd, in Georgs Ecke hin.

»Wie hast du mich doch heute unterhalten, als du kamst und fragtest, ob du deinem Freund von der Verlobung schreiben sollst. Er weiß doch alles, dummer Junge, er weiß doch alles! Ich schrieb ihm doch, weil du vergessen hast, mir das Schreibzeug wegzunehmen. Darum kommt er schon seit Jahren nicht, er weiß ja alles hundertmal besser als du selbst, deine Briefe zerknüllt er ungelesen in der linken Hand, während er in der rechten meine Briefe zum Lesen sich vorhält!«

Seinen Arm schwang er vor Begeisterung über dem Kopf. »Er weiß alles tausendmal besser!« rief er.

»Zehntausendmal!« sagte Georg, um den Vater zu verlachen, aber noch in seinem Munde bekam das Wort einen todernsten Klang.

»Seit Jahren passe ich schon auf, daß du mit dieser Frage kämest! Glaubst du, mich kümmert etwas anderes? Glaubst du, ich lese Zeitungen? Da!« und er warf Georg ein Zeitungsblatt, das irgendwie mit ins Bett getragen worden war, zu. Eine alte Zeitung, mit einem Georg schon ganz unbekannten Namen.

»Wie lange hast du gezögert, ehe du reif geworden bist! Die Mutter mußte sterben, sie konnte den Freudentag nicht erleben, der Freund geht zugrunde in seinem Rußland, schon vor drei Jahren war er gelb zum Wegwerfen, und ich, du siehst ja, wie es mit mir steht. Dafür hast du doch Augen!«

»Du hast mir also aufgelauert!« rief Georg.

Mitleidig sagte der Vater nebenbei: »Das wolltest du wahrscheinlich früher sagen. Jetzt paßt es ja gar nicht mehr.«

Und lauter: »Jetzt weißt du also, was es noch außer dir gab, bisher wußtest du nur von dir! Ein unschuldiges Kind warst du ja eigentlich, aber noch eigentlicher warst du ein teuflischer Mensch! —Und darum wisse: Ich verurteile dich jetzt zum Tode des Ertrinkens!«

Georg fühlte sich aus dem Zimmer gejagt, den Schlag, mit dem der Vater hinter ihm aufs Bett stürzte, trug er noch in den Ohren davon. Auf der Treppe, über deren Stufen er wie über eine schiefe Fläche eilte, überrumpelte er seine Bedienerin, die im Begriffe war, hinaufzugehen, um die Wohnung nach der Nacht aufzuräumen. »Jesus!« rief sie und verdeckte mit der Schürze das Gesicht, aber er war schon davon. Aus

das **Tor** house door, courtyard door die **Fahrbahn** roadway **es trieb ihn** he was driven (*an impersonal expression*)
das **Geländer** railing
die **Nahrung** nourishment **schwingen*** to swing
der **Turner** gymnast der **Stolz** pride

erspähen to espy, catch sight of die **Geländerstange, -n** railing bar
mit Leichtigkeit easily **übertönen** to drown out

geradezu nearly
der **Verkehr** traffic

dem Tor sprang er, über die Fahrbahn zum Wasser trieb es ihn. Schon hielt er das Geländer fest, wie ein Hungriger die Nahrung. Er schwang sich über, als der ausgezeichnete Turner, der er in seinen Jugendjahren zum Stolz seiner Eltern gewesen war. Noch hielt er sich mit schwächer werdenden Händen fest, erspähte zwischen den Geländerstangen einen Autoomnibus, der mit Leichtigkeit seinen Fall übertönen würde, rief leise: »Liebe Eltern, ich habe euch doch immer geliebt«, und ließ sich hinabfallen.

In diesem Augenblick ging über die Brücke ein geradezu unendlicher Verkehr.

Übungen

TEIL 1 (S. 85–S. 93, Z. 12)

Erzählen Sie die Geschichte von Georg Bendemann nach. Die folgende Gliederung wird Ihnen dabei helfen.

I. *Sonntagvormittag*

Georg Bendemann / sitzen / Schreibtisch
durch / Fenster / Georg / sehen / Fluß / Brücke / und / grün- / Anhöhen
Georg[1] / denken / Freund / Rußland // _____ (*rel.*) / er / schreiben / Brief

II. *Der Freund in Rußland*

A. vor / Jahre / Freund / gehen / Rußland // weil / er / sein / unzufrieden / Leben / zu / Hause
in Petersburg / Freund / gründen (*to establish*) / Geschäft
zuerst / Geschäft / gehen / gut // dann / schlecht

B. Freund / kommen / immer seltener / nach Hause
Freund / lassen / wachsen / Vollbart
Freund / sein / abgearbeitet / und / krank
Freund / haben / kein- / Verbindung / mit / Landsleute / in / Rußland
Freund / haben / auch / kein- / Kontakt / mit / Russen
Freund / bleiben / unverheiratet

III. *Georgs Verhältnis zu seinem Freund*

A. Georg / wissen / nicht // was / er / sollen / schreiben / Freund
Georg / bedauern / Freund // aber / können / helfen / nicht
vielleicht / Georg / sollen / raten / Freund // kommen / nach Hause (*final clause—infinitival*)

B. aber / wenn / Freund / kommen / nach Hause // dann / müssen / zugeben (*to admit*) // er / haben / kein- / Erfolg / in Rußland (*1st and 2nd clauses—subjunctive II, present; 3rd clause—indicative*)
vielleicht / besser // er / bleiben / in Rußland (*subjunctive II, present*)
daher / Georg / schreiben / Freund / nichts / Wichtig- (*adj. noun*)
Georg / wollen / Freund / nicht / unglücklich / machen

IV. *Wie sich Georgs Leben seit dem letzten Besuch des Freundes geändert hat*

vor / 2 Jahre / Georgs Mutter / sterben
jetzt / Georg / und / Vater / leben / zusammen
seit / Tod / Georgs Mutter / Vater / zurückhaltender / in / Geschäft
Georg / aktiver
Georgs Geschäft / entwickeln / sehr gut

[1] When a name (or other noun) is repeated, you may want to use a pronoun to make the sentence flow more smoothly.

V. *Der Briefwechsel zwischen Georg und seinem Freund*

A. vor / 3 Jahre / Freund / besuchen / Heimat / zum letzten Mal
jetzt / Freund / können / kommen / nicht mehr / nach Hause // weil / politisch- / Situation / in Rußland / unsicher
Freund / wissen / nichts / von Georgs Erfolg

B. Freund / erfahren // Georgs Mutter / sterben
Freund / schreiben / Beileidsbrief / Georg
Freund / vorschlagen (*to suggest*) // Georg / sollen / auswandern / nach Rußland
Aussichten (*prospects*) für Georgs Geschäft / dort / gut

C. Georg / haben / kein- / Lust // Freund / schreiben / von / eigen- / Erfolg (*final clause—infinitival*)
Georg / wollen / stören / nicht / Freund
so / Georg / schreiben / nur / bedeutungslos- / Vorfälle

VI. *Georgs Verlobung und sein Entschluß, dem Freund alles zu schreiben*

A. vor / 1 Monat / Georg / verloben / mit Frieda Brandenfeld
Frieda / kommen / aus / wohlhabend- / Familie
Georg / schreiben / Freund / nichts / über / Verlobung

B. aber / Georg / sprechen / oft / mit Frieda / über / Freund
Frieda / wollen // Freund / kommen / Hochzeit
Frieda / meinen // sie / haben / Recht // Georgs Freunde / kennenlernen (*final clause—infinitival*)

C. Georg / wollen / stören / nicht / Freund
wenn / Freund / kommen / zu / Hochzeit // dann / Freund / beneiden / Georg / vielleicht (*subjunctive II, present*)
Frieda / fühlen / gekränkt

D. so / Georg / entschließen // schreiben / Freund / Verlobung (*final clause—infinitival*)
Freund / sollen / hinnehmen (*to accept*) / Georg // wie / er / sein

VII. *Georgs Brief an seinen Freund*

jetzt / Georg / schreiben / Freund // verloben / mit Frieda Brandenfeld
Freund / kennen / Fräulein Brandenfeld / nicht // weil / sie / kommen / nach / Abreise / Freundes
in / Braut / Freund / finden / aufrichtig / Freundin // was / für / Junggeselle / wichtig
Georg / fragen // ob / Hochzeit / nicht / Gelegenheit // doch / kommen / nach Hause (*2nd clause—subjunctive II, present; final clause—infinitival*)

VIII. *Georgs geistiger Zustand (*mental state*), nachdem er den Brief geschrieben hat*

Georg / sitzen / lange / mit / Brief / in / Hand
Gesicht / sein / zugekehrt / Fenster
vorbeigehend- / Bekannt- / grüßen / Georg
aber / Georg / antworten / Bekannt- / nur / mit / abwesend- / Lächeln

Kritische Fragen zum ersten Teil

A. *Sonntagvormittag*

1. Beschreiben Sie Georg Bendemanns Zimmer.
2. Was sehen wir von der Landschaft draußen?
3. Was tut Georg, während er zum Fenster hinausschaut?

B. *Der Freund in Rußland*

1. Warum hat der Freund seine Heimat verlassen?
2. Was tut er in Petersburg?
3. Wie geht es ihm geschäftlich? gesellschaftlich? gesundheitlich?
4. Warum trägt er einen Vollbart?
5. Warum kommt der Freund nicht mehr nach Hause?
   persönliche Situation
   politische Situation
6. Wann ist er zum letzten Mal zu Hause gewesen? In welchem Sinn ist sein Aufenthalt (*stay, sojourn*) in Rußland eine Art Exil?

C. *Änderungen in Georgs Leben*

1. Was hat sich für Georg in den letzten Jahren verändert?
   Mutter
   Vater
   Geschäft
   Frieda Brandenfeld
2. Warum gelingt es Georg, sich im Geschäft zu behaupten (*assert*)?
3. Vergleichen Sie Georgs Situation mit der des Freundes.

D. *Der Briefwechsel zwischen Georg und seinem Freund*

1. Warum hat der Freund keine Ahnung von den Änderungen in Georgs Leben?
2. Wie hat Georg durch seine Briefe das Exil des Freundes sogar verschärft (**verschärfen,** *to intensify*)?
3. Georg verschleiert jede Mitteilung, die er dem Freund macht (**verschleiern,** *to veil*). Wie z.B. schneidet er das Thema seiner Verlobung an (**ein Thema anschneiden,** *to introduce a theme*)?
4. Warum will Georg den Freund nicht zur Hochzeit einladen?
5. Warum kränkt es Georgs Braut, daß Georg den Freund nicht zur Hochzeit einladen will?

E. *Der Brief, den Georg an diesem Sonntagvormittag geschrieben hat*

1. Welche wichtige Mitteilung macht er dem Freund?
2. Wie unterscheidet sich dieser Brief von Georgs anderen Briefen an den Freund?

F. *Georg an seinem Schreibtisch*

1. Wie zeigt Kafka, daß Georg an diesem Morgen ganz in seinen traumartigen Gedanken verloren ist?

2. Was tut Georg eigentlich im Laufe (*in the course of*) des ersten Teils der Erzählung?

TEIL 2 (S. 93, Z. 13–S. 101, Z. 5)

I. *Georg geht zu seinem Vater*

Georg / stecken / Brief / Tasche
Georg / verlassen / eigen- / Zimmer
Georg / gehen / Zimmer / Vaters

II. *Wie Georg und sein Vater leben*

seit / Monate / Georg / sein / nicht / in / Zimmer / Vaters
Georg / sehen / Vater / täglich / in / Geschäft
mittags / Georg / und / Vater / essen / zusammen / in / Speisehaus
abends / jeder / essen / allein
dann / sitzen / in / gemeinsam- / Wohnzimmer
jeder / lesen / eigen- / Zeitung

III. *Das Zimmer des Vaters*

A. Zimmer / Vaters / dunkel // obwohl / draußen / sonnig und warm
Mauer / in / Hof / werfen / Schatten / in / Zimmer
Ecke / ausgeschmückt / mit / Andenken / an / Mutter

B. Georg / sagen // in / Zimmer / unerträglich dunkel
Vater / schließen / Fenster

IV. *Was der Vater tut, wie er aussieht*

A. Vater / sitzen / in / Ecke / und / lesen / Zeitung
Vater / essen / nicht viel / von / Frühstück
Vater / tragen / Schlafrock
Vater / grüßen / Georg

B. Georg / denken // Vater / Riese
Vater / anders / in / Geschäft / als / in / Zimmer
in / Zimmer / sitzen / breit / und / kreuzen / Arme / über / Brust

V. *Warum Georg zu seinem Vater kommt*

A. Georg / sagen / Vater // er / schreiben / Freund / in Petersburg / über / Verlobung
zuerst / Georg / wollen / verschweigen / Verlobung
Georg / wollen / nehmen / auf / Freund / Rücksicht
Freund / schwierig- / Mensch // _____ (*rel.*) / leben / allein

B. aber / Georg / überlegen / es / anders
denn / Georgs Verlobung / sollen / machen / Freund / auch / glücklich
Georg / wollen / erzählen / Vater / von / Brief // bevor / er / einwerfen / Brief
Georg / wollen / beraten / mit / Vater

VI. *Georgs Verhältnis zu seinem Vater nach dem Tod der Mutter*

A. Vater / meinen (*to think*) // Georg / sagen / nicht / voll- / Wahrheit
Vater / wissen / nicht mehr / alles // was / Georg / machen / in / Geschäft

B. Vater / nicht mehr kräftig
Gedächtnis / nachlassen

C. erstens / natürlich // denn / Vater / alt
zweitens / Tod / Mutter (*gen.*) / niederschlagen / Vater / mehr / als / Georg

D. Vater / sagen // Georg / sollen / täuschen / Vater / nicht
Vater / fragen // ob / Georg / haben / wirklich / Freund / in Petersburg

VII. *Georg versucht, das Thema zu wechseln*

A. Georg / wollen / reden / nicht mehr / mit / Vater / über / Freund
Georg / sagen // Vater / sollen / schonen
obwohl / Vater / in / Geschäft / unentbehrlich // müssen / finden / ander- / Lebensweise

B. Georg / wollen / holen / Arzt
Georg / und / Vater / sollen / wechseln / Zimmer
Vater / Vorderzimmer // Georg / Zimmer / Vaters
jetzt / Georg / wollen / helfen / Vater / Ausziehen

VIII. *Georg und sein Vater disputieren über die Existenz des Freundes*

A. Vater / sagen // Georg / haben / kein- / Freund / in Petersburg
Vater / meinen // Georg / sein / Spaßmacher

B. Georg / sagen // Vater / haben / Freund / nicht gern
Georg / verleugnen / Freund / vor / Vater // obwohl / Freund / bei Georg / in / Zimmer
Georg / verstehen / Abneigung / Vaters // denn / Freund / sein / schwierig- / Mensch

C. Georg / erinnern / Vater / daran // Freund / erzählen / Vater / Geschichten / von / Russisch- / Revolution
Freund / sehen / Geistlich- (*adj. noun*) // _____ (*rel.*) / sich schneiden / Blutkreuz / in / Hand

IX. *Georg plant für die Zukunft des Vaters*

A. vorsichtig / Georg / ausziehen / Vater
Georg / sehen / schmutzig- / Unterwäsche / Vaters
Georg / meinen // er / vernachlässigen / Vater
Georg / machen / Vorwürfe

B. Georg / sprechen / noch nicht / mit / Braut / über / Zukunft / Vaters
aber / beide / annehmen (*to assume*) // Vater / bleiben / in / alt- / Wohnung (*2nd clause—subjunctive II, present*)
jetzt / Georg / entschließen // mitnehmen / Vater / in / neu- / Haushalt (*final clause—infinitival*)

X. *Georg trägt seinen Vater ins Bett*

A. auf / Arme / Georg / tragen / Vater / in / Bett
Vater / spielen / mit / Uhrkette / an / Georgs Brust
Georg / sein / erschrocken (*horrified*)

B. Vater / zudecken / selbst
aber / Vater / fragen / zweimal // ob / gut zugedeckt
Georg / legen / Decke / besser / um / Vater

Kritische Fragen zum zweiten Teil

A. *Wie Georg und sein Vater leben*

1. Wie wird erklärt, daß Georg schon seit Monaten nicht mehr im Zimmer seines Vaters gewesen ist?
   Geschäft
   Speisehaus
   Wohnzimmer
2. Die Zeitung ist ein Objekt, das später in der Erzählung wieder auftaucht (*appears*). Was sind die symbolischen oder rituellen Funktionen einer Zeitung, d.h., wo und von wem wird eine Zeitung gelesen?
3. Warum ist es wichtig, daß hier „jeder mit seiner Zeitung" im Wohnzimmer sitzt?

B. *Das Zimmer des Vaters*

1. Beschreiben Sie das Zimmer des Vaters.
2. Warum ist es so dunkel und luftlos in seinem Zimmer?
3. Kontrastieren Sie dieses Zimmer mit Georgs Zimmer.

C. *Wie der Vater aussieht*

1. Wie ist Georgs Vater angezogen (*dressed*)? Was sind mögliche Gründe dafür, d.h. unter welchen Umständen (*circumstances*) kann man so angezogen sein?
2. Wie ist Georg angezogen? Ist das die normale Bekleidung für einen Sonntagvormittag?
3. Georg bemerkt, daß sein Vater „noch immer ein Riese" ist. In seinem Zimmer sitzt er breit, mit den Armen über der Brust gekreuzt. Hier macht der Vater einen ganz anderen Eindruck als im Geschäft. Was ist der Unterschied, und was kann das bedeuten?

D. *Warum Georg zu seinem Vater kommt*

1. Warum hat sich Georg den Entschluß, seine Verlobung zu verschweigen, anders überlegt? (S. 95, Z. 24 ff.)
2. Was will er aber tun, bevor er den Brief einwirft?

E. *Beziehungen* (relations) *zwischen Georg und seinem Vater nach dem Tod der Mutter*

1. Wie hat der Tod der Mutter auf den Vater gewirkt (*affected*)? auf Georg?
2. Was wirft der Vater Georg vor? (**jemandem etwas vor·werfen,** *to reproach someone with something*)

F. *Der Vater bezweifelt die Existenz des Freundes.*

1. Welche Frage stellt der Vater in Bezug auf den Freund? (**in Bezug auf,** *with regard to*)
2. Was tut Georg, statt diese Frage zu beantworten?
3. Kennt der Vater den Freund, oder nicht? Wann soll er ihn gesehen haben?

G. *Georgs Sorge* (concern) *um den Vater*

1. Wie will Georg die ungesunde Lebensweise seines Vaters ändern?
   Arzt holen
   Zimmer wechseln
2. Daß Georg um den Vater so besorgt ist, kann ein Beweis seiner Liebe sein; es kann aber auch andere Gründe haben. Deuten Sie den Zimmerwechsel im Licht seiner ambivalenten Gefühle. (**deuten,** *to interpret*)
3. Welchen Vorwurf macht sich Georg, während er den Vater auszieht? Wie behandelt er den Vater? (S. 99, Z. 19 ff.)
4. Zu welchem Entschluß kommt nun Georg?
   Vater / neuer Haushalt
5. Was will es aber heißen, „daß die Pflege zu spät kommen könnte?" (S. 99, Z. 29 ff.)

H. *Georg trägt seinen Vater ins Bett*

1. Welche unheimliche Feststellung (*discovery*) macht Georg, als er den Vater auf das Bett legen will? (S. 99, Z. 31 ff.)
2. Warum will der Vater die Uhrkette nicht loslassen?
3. Eine Uhrkette ist auch ein rituelles Objekt. Wer trägt normalerweise eine Uhrkette?
4. „«Nicht wahr, du erinnerst dich schon an ihn?», fragte Georg und nickte ihm aufmunternd zu" (S. 99, Z. 39 ff.). Von wem ist hier die Rede? Wen würde man in diesem Ton anreden?
5. Was bedeutet die Frage des Vaters, ob er gut zugedeckt ist?

TEIL 3 (S. 101, Z. 6–S. 107)

I. *Der Vater klagt Georg an*

A. Vater / zurückwerfen / Decke / und / aufrechtstehen / in / Bett
   Vater / sagen // Georg / wollen / zudecken / Vater
   Vater / sagen // er / noch nicht / zugedeckt
   Kraft / Vaters / sein / zuviel / für / Sohn

B. Vater / behaupten // er / kennen / Freund / gut
   Freund / sein / Sohn / nach / Herz / Vaters (*subjunctive II, present*)

darum / Georg / betrügen / Freund / lange
Georg / sperren / in / Büro / und / schreiben / falsch- / Briefe / an / Freund

C. Vater / können / durchschauen / Sohn
Georg / glauben // er / unterkriegen / Freund (*2nd clause—subjunctive II, past*)
daher / Georg / entschließen // heiraten (*2nd clause—infinitival*)

II. *Georgs Gedanken beim Anblick des Vaters*

als / Georg / sehen / Vater // Georg / denken / Freund in Petersburg
Georg / sehen / Freund / verloren / in / weit- / Rußland
Geschäft / leer / ausgeraubt
Regale / zertrümmert

III. *Der Tanz des Vaters*

Vater / heben / Hemd / hoch
man / können / sehen / Narbe / auf / Oberschenkel
Vater / sagen // Frieda / heben / Röcke / so
Georg / wollen / befriedigen / ungestört / an / Frieda

IV. *Georgs Verbrechen*

Georg / schänden / Andenken / Mutter (*gen.*)
Georg / verraten / Freund
Georg / stecken / Vater / in / Bett // damit / Vater / rühren / nicht

V. *Georgs vorsichtige Haltung dem Vater gegenüber*

Georg / stehen / möglichst weit / von / Vater
Georg / entschließen / fest // beobachten / alles (*final clause—infinitival*)
denn / Georg / wollen / nicht / überrascht (*passive*)
aber / Georg / vergessen / Entschluß

VI. *Die Verbindung zwischen Georgs Vater und dem Freund*

Vater / sagen // Freund / doch nicht / verraten
denn / Vater / Vertreter / Freundes

VII. *Warum der Vater Komödie spielt*

A. Georg / nennen / Vater / Komödiant (*weak noun*)
Vater / zugeben // er / Komödie / spielen
Vater / müssen / spielen / Komödie // weil / Vater / nichts anderes / übrigbleiben

B. alt- / Vater / sitzen / in / Hinterzimmer
Vater / verfolgt (*passive*) / von / untreu- / Personal
Sohn / abschließen / Geschäfte // _____ (*rel.*) / Vater / vorbereiten

VIII. *Georgs Wunsch*

Vater / vorbeugen
Georg / wünschen // Vater / fallen / und / zerschmettern (*2nd clause—subjunctive II, present*)
aber / Vater / fallen / nicht

IX. *Woher der Vater seine Kraft hat*

A. Vater / sagen // Vater / brauchen / Georg / nicht
Vater / meinen // Georg / haben / kein- / Kraft / mehr
Vater / noch / viel stärker / als Georg

B. Mutter / geben / Vater / ihr- / Kraft
Vater / auch / verbinden / mit / Freund
Vater / haben / auch / Kundschaft / in / Tasche

X. *Die Braut als Georgs einzige Verbündete (*ally*)*

Vater / sagen // Georg / sollen / einhängen / in / Braut
Georg / und / Braut / sollen / entgegenkommen / Vater
Vater / sagen // wegfegen / Braut

XI. *Woher der Freund alles weiß*

A. Vater / sagen // Freund / wissen / schon / alles
denn / Vater / schreiben / Freund
Georg / vergessen // wegnehmen / Vater / Schreibzeug (*2nd clause—infinitival*)
darum / Freund / kommen / nicht

B. Freund / lesen / nicht / Georgs Briefe
Freund / zerknüllen / Georgs Briefe
Freund / lesen / nur / Briefe / Vaters

XII. *Worauf der Vater lange gewartet hat*

Vater / warten / jahrelang / Georgs Frage // ob / Georg / sollen / schreiben / Freund / von / Verlobung
nur dies- / Frage / kümmern / Vater
Vater / lesen / nie / Zeitungen

XIII. *Warum Georg so lange gewartet hat*

Georg / zögern / lange // bevor / Georg / reif
Mutter / müssen / sterben
Freund / zugrundegehen / in Rußland
Vater / alt / krank

XIV. *Das Urteil des Vaters*

Vater / sagen // Georg / wissen / bisher / nur / von / (*himself*)
jetzt / Georg / wissen // was / es / geben / noch / außer / (*him*)
Georg / unschuldig- / Kind // aber / teuflisch- / Mensch
jetzt / Vater / verurteilen / Georg / zu / Tod / Ertrinkens

XV. *Die Vollziehung des Urteils*

A. Georg / verlassen / Zimmer / Vaters
Georg / fühlen / gejagt / getrieben (*driven*)
noch / Georg / hören / Vater / auf / Bett / fallen

B. auf / Treppe / Georg / begegnen (+ *dat.; to meet*) / Bedienerin
Bedienerin / rufen / „Jesus" / und / verdecken / Gesicht / mit / Schürze

C. Georg / springen / aus / Tor
Georg / gehen / über / Fahrbahn / zu / Wasser
Georg / festhalten / Geländer
Georg / überschwingen

D. Georg / festhalten / noch
Georg / sehen / zwischen / Geländerstangen / Bus // _____ (*rel.*) / übertönen / leicht / seine Fall (*2nd clause—subjunctive II, present*)

E. Georg / sagen // er / lieben / Eltern / immer
dann / Georg / lassen / hinabfallen
in / Augenblick / unendlich- / Verkehr / gehen / über / Brücke

Kritische Fragen zum dritten Teil

A. *Der Wendepunkt (*turning point*)*
Bis zu diesem Punkt hat sich der Vater als ein alter, schwacher Mann gezeigt. Woran sehen wir jetzt, daß es alles nur ein Spiel war, daß er die Rolle des Schwächeren nur gespielt hat?
Decke zurückwerfen
aufstehen
Freund kennen
Sohn nach seinem Herzen
Georg durchschauen

B. *Das Bild vom Freund als Bild von Georg selber*
Wie stellt sich Georg seinen Freund vor, als er zum „Schreckbild seines Vaters" hinaufsieht?
verloren
Geschäft / ausgeraubt
Regale / zertrümmert

C. *Der groteske Tanz des Vaters*

1. Wie äfft der Vater Georgs Braut nach? (**nach·äffen,** *to mimic*)
2. Was sieht man auf seinem Oberschenkel? Was bedeutet dies wörtlich? symbolisch?

D. *Georgs Verbrechen: Die Anklage des Vaters*

1. Welcher drei Verbrechen beschuldigt der Vater seinen Sohn? (**beschuldigen** + *gen., to accuse of*)
Mutter
Freund
Vater
2. Warum soll Georg diese Verbrechen begangen haben?

E. *Die Kraft des Vaters*

1. Warum braucht der Vater Georgs Hilfe nicht?
2. Wo hat er seine Kraft her?

   Mutter
   Freund
   Kundschaft

3. Wie fordert er seinen Sohn heraus? (**heraus·fordern,** *to challenge*) („Häng dich nur in deine Braut ein . . .")
4. Der Freund in Rußland ist über die Verhältnisse in der Heimat doch gut informiert. Wie kann das sein?
5. Was tut er mit Georgs Briefen? Mit denen des Vaters?
6. Der Vater sagt, daß Georg vergessen hat, ihm das Schreibzeug wegzunehmen. Was sagt das über das Verhältnis zwischen Vater und Sohn?

F. *Der Kampf zwischen Georg und seinem Vater*

1. Georg und sein Vater befinden sich in ständiger Konkurrenz (*competition*). Wer und was sind die eigentlichen Gegenstände dieser Konkurrenz, d.h. worum konkurrieren sie?

   Mutter
   Freund
   Geschäft

2. Der Vater sagt, daß Georg ein unschuldiges Kind gewesen ist. Wodurch ist er „ein teuflischer Mensch" geworden? Wodurch ist er schuldig geworden, d.h., was ist sein Verbrechen?

G. *Das Urteil des Vaters*

1. Wozu verurteilt der Vater seinen Sohn?
2. Warum ist diese Strafe angebracht (*appropriate*)?

H. *Die Vollziehung des Urteils*

1. Was hört Georg noch, als er aus dem Zimmer des Vaters flieht? Was kann das bedeuten?
2. Wem begegnet er auf der Treppe? Warum verdeckt sie das Gesicht?
3. Einerseits fühlt sich Georg gejagt und getrieben. Andererseits aber scheint Georg freiwillig seinem Tod entgegenzulaufen. Was sind mögliche Zeichen dieser positiven Einstellung (*attitude*) zum Todesurteil?
4. Was sind seine letzten Worte?
5. Beschreiben Sie das letzte Bild der Erzählung. Vergleichen Sie dieses Schlußbild mit der Landschaft, die wir ganz am Anfang der Erzählung sehen.

Themen zur Diskussion
oder für kleine schriftliche Arbeiten

1. Rollenwechsel in „Das Urteil"

   Im Laufe der Erzählung wird es klar, daß Georg und sein Vater verschiedene Rollen spielen, z.B., wenn Georg seinen Vater ins Bett trägt, sind die Rollen von Vater und Kind vertauscht. (**vertauschen,** *to exchange*). Welche Rollen spielen die zwei? Sind die Rollen, die sie spielen, alle männlich?

2. Raum und Räume in „Das Urteil"

   Beschreiben Sie die Räume bzw. (**beziehungsweise,** *more specifically*) die Zimmer in „Das Urteil". Wie deuten die verschiedenen Räume auf die komplizierten Beziehungen zwischen Georg und seinem Vater hin? (**auf etwas hin·deuten,** *to suggest*)

3. Frauen in „Das Urteil"

   Was haben Georgs Mutter und seine Braut miteinander zu tun? Wie stehen sie zu Georg, seinem Vater und dem Freund?

4. Georgs aggressive Gefühle

   Im dritten Teil der Erzählung hegt (**hegen,** *to harbor*) Georg deutlich aggressive Gedanken gegen den Vater, z.B., er wünscht, daß der Vater fallen und zerschmettern würde, oder mit einer Bemerkung („Sogar im Hemd hat er Taschen") will er den Vater in der ganzen Welt unmöglich machen.
   a. Besprechen Sie Georgs negative Gedanken und Bemerkungen.
   b. Welche Gesten und Bemerkungen im zweiten Teil der Erzählung können auch negativ oder höchstens ambivalent verstanden werden?

5. „Dinge" in „Das Urteil"

   Konkrete Dinge sind in der Erzählung von Bedeutung. Auch sie sind mit den Themen der Erzählung verbunden. Was ist die Funktion folgender Gegenstände: Brief, Brille, Frühstücksgeschirr, Schreibzeug, Schürze, Tasche, Uhrkette, Zeitung?

Nacht im Hotel

HANS REIMANN

kriechen* to crawl

munter alert, awake die **Raupe** caterpillar

die **Hautfarbe** skin color die **Borste, -n** bristle

ungelegen at an awkward time

erwidern *antworten*

mitnichten in no way

Ich träume dir. I'm coming to you in a dream.

sich wundern to puzzle

Wenn es sich so verhält If that's the way things are

die **Veranlassung** cause, reason **zürnen** (+ *dat.*) to be mad at **verschonen** to spare

von hinnen thence, away

Es mochte eine Viertelstunde verstrichen sein A quarter of an hour passed **stechen*** to sting, bite

an·zünden to light

der **Floh** flea **hüpfen** to hop

Zu deinem Besten For your sake

möchte es dir übel ergehen it would go hard with you, the worse for you

Laß gut sein Leave it be **reizen** to bother, irritate **hinfort nimmer** (*archaic*) no more

das Fell über die Ohren ziehen* to pull (someone's) hide over his ears, to skin (someone)

das **Versteck** hiding place

im Gegenteil on the contrary

wie überhaupt irgend möglich as at all possible **Ich . . . liebe offene Karten.** I . . . like to put my cards on the table (*lit.:* open cards).

In der Nacht kroch mir etwas über das Gesicht. Davon wurde ich munter. Ich machte Licht und sah, daß es eine Raupe war. Sie hatte eine grasgrüne Hautfarbe und viele Borsten. Ich sprach zu ihr: »Du kommst mir ungelegen, Raupe! Warum störst du mich im Schlafe?« Die Raupe erwiderte: »Ich störe dich mitnichten im Schlafe, siehe denn, du träumst! Ich bin eine von dir geträumte Raupe. Oder, wenn du willst: Ich träume dir.« Ich wunderte mich ein wenig und sagte: »Wenn es sich so verhält, und du nur eine mir geträumte Raupe bist, so habe ich keine Veranlassung, dir zu zürnen. Aber verschone mich bitte und träume, wenn möglich, einem andern.« Die Raupe lächelte und kroch von hinnen.

Es mochte eine Viertelstunde verstrichen sein, da stach mich etwas. Davon erwachte ich und zündete Licht an. Da sah ich, daß es ein Floh war. Er hüpfte weg, aber ich sprach: »Zu deinem Besten will ich annehmen, daß nur ein geträumter Floh du bist, sonst möchte es dir übel ergehen, Freundchen. Laß gut sein und reize mich hinfort nimmer, ich könnte dir das Fell eklig über die Ohren ziehen.« Da kam der Floh aus dem Versteck hervor und entgegnete: »Ich bin kein geträumter Floh, mein Herr. Im Gegenteil: ich bin so ungeträumt wie überhaupt irgend möglich und liebe offene

sei Ihnen angesagt take notice, be forewarned der **Rest** rest, remainder die **Wut** anger **Gott befohlen!** (*archaic*) Goodbye! **enthüpfen** to hop away

abermals again
hocken to squat, sit
das **Entsetzen** horror
das **Känguruh** kangaroo **zu schaffen machen** to give (one) trouble **kauern** to crouch
feindselig in a hostile way **an·glupschen** to glower at
belästigen to bother

geringst- slightest **sich mit jemandem befassen** to deal with someone **beehren** to honor, favor
sonstwer, -wen, -wem someone else **unerbeten** unwelcome, unsolicited
Sprach's *(Ich) sprach es* **rasch** quickly

los·werden* to get rid of **erdrosseln** to strangle, to throttle
die **Leiche** corpse, body **zu Boden schlagen*** to crash to the floor

das **Waschbecken** sink, washstand

Es ist nicht geheuer auf der Welt. (nicht geheuer, *a set phrase:* eerie, creepy**)** The world is a creepy place; There's something strange going on in this world.

Karten. Darum sei Ihnen angesagt: Sie werden den Rest der Nacht in Schlaflosigkeit und Wut verbringen. Gott befohlen!« Ehe ich ihn greifen konnte, war er enthüpft. Ich lag lange wach und konnte nicht einschlafen. Endlich schlief ich.

Es mochte abermals eine Viertelstunde verstrichen sein, da hockte mir etwas auf der Brust. Davon erwachte ich. Als ich Licht anzündete, bemerkte ich mit Entsetzen, daß mir ein Känguruh zu schaffen machte. Es kauerte auf meinen Rippen und glupschte mich feindselig an. Ich sprach: »Es ist bereits das dritte Mal in dieser Nacht, daß man mich belästigt. Sie mögen geträumt sein oder nicht, ich habe nicht die geringste Lust, mich mit Ihnen zu befassen. Beehren Sie sonstwen mit Ihrem unerbetenen Besuche, aber nicht mich!« Sprach's und drehte mich auf die andere Seite. Rasch schlief ich wieder ein. Mir träumte, daß ein Känguruh auf meiner Brust säße, das ich, um es loszuwerden, erdrosselte. Schwer schlug die Leiche zu Boden. Davon erwachte ich.

Im Zimmer lag die Leiche eines Känguruhs.

Im Waschbecken schwamm eine grasgrüne Raupe.

Ein Floh stach mich. Die Sonne schien durchs Fenster. Ich griff mir an den Kopf.

Es ist nicht geheuer auf der Welt.

Übungen

Als erstes, erzählen Sie die Geschichte nach. Die folgende Gliederung wird Ihnen dabei helfen.

I. *Mitten in der Nacht erwachte ich im Hotel.*

A. etwas / kriechen / Gesicht // und ich / erwachen
ich / anmachen / Licht / und / sehen // Raupe
ich / fragen / Raupe // warum / stören / mein- / Schlaf

B. Raupe / antworten // stören / nicht // denn / sie / sein / geträumt- / Raupe
ich / sagen // Raupe / sollen / sich / träumen lassen / von einem anderen
dann / Raupe / wegkriechen

II. *Mein Schlaf wurde bald ein zweites Mal gestört.*

A. nach / Viertelstunde / stechen / etwas
ich / erwachen / wieder // und / machen / Licht
diesmal / es / sein / Floh
„ich / annehmen // du / sein / auch / geträumt"

B. Floh / antworten // er / sein / keineswegs / geträumt
Floh / sagen / weiter // ich / verbringen / Rest / Nacht / schlaflos (*2nd clause—subjunctive II, present*)
dann / Floh / weghüpfen
ich / können / einschlafen / lange nicht

III. *Endlich schlief ich wieder ein, aber . . .*

A. ich / erwachen / nochmals // denn / etwas / hocken / auf / Brust
als / ich / anmachen / Licht // ich / sehen // es / sein / Känguruh
es / anstarren (*to stare at*) / feindselig

B. ich / sagen / Känguruh // es / sein / dritt- / Mal // daß man / stören
ich / haben / kein- / Lust // mit / Känguruh / sprechen (2nd clause infinitival)
es / sollen / besuchen / jemand anders (*someone else*)

IV. *Nun wußte ich wirklich nicht mehr, ob ich träumte oder wachte* (**wachen,** to be awake).

A. ich / einschlafen / wieder
dann / träumen / wieder // Känguruh / sitzen / auf / Brust
um / Känguruh / loswerden // ich / erdrosseln / es
ich / erwachen / zu / viert- / Mal

B. da / liegen / Leiche / Känguruh (*gen.*)
in / Waschbecken / schwimmen / grün- / Raupe
es / stechen / mich / Floh
Sonne / scheinen / durch / Fenster
es / nicht geheuer / auf / Welt

Themen zur Diskussion
oder für kleine schriftliche Arbeiten

1. Wacht der Mann am Ende auf, oder träumt er noch? Woher wissen wir das?
2. Ist die Raupe erfunden, oder existiert sie wirklich?
3. Wie steht's (*How is it*) mit dem Floh?
4. Und mit dem Känguruh? Gibt es wirklich ein Känguruh?
5. Was ist hier Traum? Und was ist Wirklichkeit?
6. Ist man wirklich schuldig, wenn er im Traum ein Verbrechen (*crime*) begeht?

Vocabulary

sich **ab·arbeiten** to wear oneself out
die **Abartigkeit, -en** aberration
der **Abend, -e** evening
abermals again
sich **ab·finden mit** to come to terms with
fand sich ab, sich abgefunden
das **Abitur** final exam at Gymnasium
jemandem etwas ab·kaufen to buy something from someone
ab·kippen to siphon off
ab·lassen von to stop, abandon
(läßt . . . ab), ließ . . . ab, abgelassen
der **Ablauf** course
ab·lenken to distract
ab·liefern to deliver
die **Abneigung gegen** aversion to, dislike for
ab·räumen to clear off, pick up
die **Abreise, -n** departure
ab·schließen to finish; to close
schloß . . . ab, abgeschlossen
abseits (+ *gen.*) apart from
die **Absicht, -en** intention
mit Absicht on purpose, intentionally
sich **ab·wenden** to turn away
wandte sich ab, sich abgewandt
abwesend absent
die **Abwesenheit** absence
Achtung! Watch out! Be careful!
der **Advokat, -en, -en** lawyer
der **Affektzustand** emotional state
ähnlich similar
die **Ähnlichkeit, -en** similarity
die **Ahnung, -en** idea, inkling, indication
der **Akt, -en** file
die **Alleinvertretung** sole distributorship
allerdings however, of course
allerhand (*form stays constant*) all kinds of
allgemein general
im allgemeinen generally
alltäglich everyday
allzu all too
alsbald very soon
das **Alter** age
das **Altersheim, -e** old people's home
amtlich official
der **Amtsrichter, —** district court judge
an·binden to tie
band . . . an, angebunden
beim Anblick at the sight of
das **Andenken, —** memory, souvenir, memento
andererseits on the other hand
ändern to change
anders otherwise
anfangs at the beginning
angebracht appropriate
der **Angeklagte** (*adj. noun*) person accused of a crime
angenehm pleasant
angesäuert *lit.*, soured; *i.e.*, contaminated
der **Angeschuldigte** (*adj. noun*) the accused
der **Angestellte** (*adj. noun*) employee
angetrunken half drunk
an·glupschen to glower at
die **Angst** fear
Angst haben vor (+ *dat.*) to be afraid of
an·hängen (+ *dat.*) to espouse, believe in
hing . . . an, angehangen
sich **an·häufen** to accumulate
die **Anhöhe, -n** low hill

die **Anklage, -n** indictment, charge
an·klagen (+ *gen.*) to accuse of, charge with
der **Anklager, —** prosecutor
sich **gut an·lassen** to give promise, to shape up well
(läßt sich gut an), ließ sich gut an, hat sich gut angelassen
an·legen to invest
an·machen to turn on
die Annahme machen to make the assumption
an·nehmen to assume
(nimmt . . . an), nahm . . . an, angenommen
an·packen to throw oneself into
an·rufen to shout to, exhort, call
rief . . . an, angerufen
an·schauen to take a look
der **Anschein** appearance
anschließend thereupon, then
an·sehen to regard, consider
(sieht . . . an), sah . . . an, angesehen
an·setzen auf (+ *acc.*) to fasten upon
die **Ansicht, -en** view, opinion
sich **an·siedeln** to settle, take up residence
an·staunen to stare at, gawk at
sich **an·stellen** to get in line
der **Ansturm, ⸚e** assault
die **Anteilnahme** concern, interest
an·tun to inflict on
tat . . . an, angetan
die **Antwort, -en** answer
der **Anwalt, ⸚e** lawyer
das **Anwesen** property, premises
das **Anzeichen, —** sign
an·zeigen to announce
der **Anzug, ⸚e** suit
an·zünden to light
der **Aperitif, -s** aperitif, drink before dinner
das **Araberpferd, -e** Arabian horse
arg bad
die **Arglosigkeit** lack of awareness
der **Arm, -e** arm
auf seinen Armen in his arms
die **Art, -en** sort, kind
die **Artischocke, -n** artichoke
der **Ast, ⸚e** branch, tree limb
der **Atem** breath
nicht des Atems wert not worth mentioning
atmen to breathe
aufblühend burgeoning, increasing, growing
der **Aufenthalt, -e** stay, sojourn
auf·geben to give up
(gibt . . . auf), gab . . . auf, aufgegeben
aufgeregt excited
sich **auf·hängen** to hang oneself
auf·lauern to lie in wait
aufmerksam attentive
aufmunternd encouragingly
auf·nehmen to take in
(nimmt . . . auf), nahm . . . auf, aufgenommen
auf·passen to be careful, watch out, to await
auf·räumen to straighten up, clean up
aufrecht upright
aufrecht·erhalten to maintain
(erhält . . . aufrecht), erhielt . . . aufrecht, aufrechterhalten
die **Aufregung, -en** excitement
aufrichtig sincere, genuine
auf·rühren to stir up, bring up
das **Aufschluchzen** sob
auf·schreiben to write down
schrieb . . . auf, aufgeschrieben
der **Aufschwung** change for the better, upswing
auf·sparen to save
auf·sperren to unlock
auf·stöbern to uncover, ferret out
auf·tauchen to appear
auf·weisen to show, prove
wies . . . auf, aufgewiesen
der **Augenblick, -e** moment
die **Augenschwäche** weakness of the eyes
das **Ausblenden** fade-out
sich **aus·drücken** to express oneself
ausdrücklich expressly, explicitly
auseinanderliegend separate
aus·führen to carry out, execute
ausführlich thoroughly
aus·gehen to go out
ging . . . aus, ist ausgegangen
ausgeraubt plundered
ausgesprochen indeed
ausgestreckt stretched out
aus·gleichen to compensate for
glich . . . aus, ausgeglichen
aus·halten to stand, endure
(hält . . . aus), hielt . . . aus, ausgehalten
im Ausland abroad, out of the country
aus·löschen to extinguish, to put out
aus·nutzen to exploit, take advantage of
aus·ruhen to rest, relax
das **Aussehen** appearance
aus·sehen (wie) to look (like)
(sieht . . . aus), sah . . . aus, ausgesehen
außer (+ *dat.*) except for, aside from
außergewöhnlich extraordinary
die **Aussichten** prospects
aus·steigen to get out
stieg . . . aus, ist ausgestiegen
die **Auswanderung** emigration
aus·ziehen to undress
zog . . . aus, ausgezogen
die **Autopanne, -n** car breakdown
der **Autounfall, ⸚e** car accident

der **Bademantel, ⸚** housecoat, bathrobe
das **Band, ⸚er** belt
das **laufende Band** assembly line
die **Bange** fear, worry
das **Bankkonto, -konten** bank account
der **Bauch, ⸚e** belly, stomach
bauchig bellied, rounded

der **Baumaterialienhändler, —** dealer in building materials
der **Bauer, -n, -n** farmer, peasant
beantworten to answer (a question)
bedauern to regret, pity
bedecken to cover
die **Bedienerin, -nen** charwoman, maid
bedenklich dubious
die **Bedeutung, -en** meaning
bedeutungslos insignificant
bedrohen to threaten
beehren to honor, favor
sich **mit jemandem befassen** to deal with someone
sich **befinden** to be
befand . . . sich, sich befunden
Gott befohlen (*archaic*) goodbye
sich **befreien** to free oneself
befremdend *lit.:* estranging; embarrassing
sich **befriedigen** to gratify oneself
begegnen (+ *dat.*) to meet
die **Begegnung, -en** meeting, encounter
begehen to commit
beging, begangen
die **Begehung, -en** perpetration
vor Begeisterung out of enthusiasm
begreifen to understand
begriff, begriffen
im Begriff sein to be about to (do something), to be in the process of (doing something)
behandeln to treat
behaupten to assert, claim
sich **behaupten** to assert oneself
beide both
das **Beileid** sympathy (in a letter of condolence)
der **Beileidsbrief, -e** letter of condolence
das **Bein, -e** leg
beisammen *zusammen*
das **Beispiel, -e** example
beispielsweise for example
beißen to bite
biß, gebissen
bejahen to affirm
bekannt known, acquainted
der **Bekannte** (*adj. noun*) acquaintance
die **Bekleidung** clothing
bekräftigen to underscore, emphasize
belasten to encumber
belästigen to bother
belegt taken, occupied
nach Belieben at one's own discretion, convenience
beliebt beloved; popular
belügen to deceive; to tell lies to
belog, belogen
bemerken to notice
die **Bemerkung, -en** remark
das **Benehmen** behavior
beneiden to envy
beobachten to observe
die **Beobachtung, -en** observation
sich **beraten mit** to talk over, consult
(berät sich), beriet sich, sich beraten
bereiten to make ready
der **Berg, -e** mountain
das **Bergwerk, -e** mine
der **Bericht, -e** report
berichten to report
sich **berufen auf** (+ *acc.*) to refer to, to claim
berief sich, sich berufen
besagen to state
bersten to burst
(birst), barst, ist geborsten
sich **beschäftigen mit** to concern oneself with
die **Beschämung** shame, embarrassment
bescheiden modest
beschimpfen to abuse, swear at
beschließen to decide
beschloß, beschlossen
sich **beschränken auf** (+ *acc.*) to restrict oneself to
beschuldigen (+ *gen.*) to accuse of
der **Beschuldigte** (*adj. noun*) the accused
beschwindeln to swindle
beseitigen to do away with, overcome
besiegen to beat, conquer
bestärken to support, strengthen, reinforce
bestehen to exist, to be
bestand, bestanden
bestehen aus to be made up of
bestehen in (+ *dat.*) to consist in
bestimmt for sure
bestrafen to punish
bestürzt embarrassed, shocked
die **Bestürzung** surprise, shock
der **Besuch, -e** visit
zu Besuch on a visit
betragen to amount to
(beträgt), betrug, betragen
beteuern to affirm
betonen to emphasize
die **Betonung, -en** emphasis
betrachten to consider
betreiben to run, manage
betrieb, betrieben
betrügen to deceive, to be unfaithful to; to betray, cheat
betrog, betrogen
betrügerisch deceitful, fraudulent
die **Bettdecke, -n** bedspread
bevor·stehen to be imminent
stand . . . bevor, bevorgestanden
die **Bewegung, -en** movement
der **Beweis, -e** indication, proof, evidence
das **Bewußtsein** consciousness
im klaren Bewußtsein fully aware
die **Bewußtseinsstörung, -en** mental disturbance
bezahlen to pay
bezeichnen to term, indicate, designate

beziehen to move into, take up occupancy in
bezog, bezogen
die **Beziehung, -en** connection, relation
bzw. (beziehungsweise) more specifically
in Bezug auf (+ *acc.*) with regard to
bezweifeln to doubt, question
bisherig (*adj. form of* **bisher**) previous
bislang up to that point
blank shiny
blaß pale
blicken to look
der **Blinde** (*adj. noun)* blind man
das **Blut** blood
blutjung very young
das **Blutkreuz, -e** bloody cross
das **Blutvergießen** bloodshed
der **Boden** floor, ground
zu Boden schlagen to crash to the floor
(schlägt zu Boden), schlug zu Boden, ist zu Boden geschlagen
die **Borste, -n** bristle
böswillig evil
die **Branche, -n** field, area of business
brausend boisterous, rousing
die **Braut, -en** fiancée
brav good, well behaved
breit broad, wide
brennen to burn
brannte, gebrannt
das **Briefchen, —** (*dim. of* der **Brief**) letter
brieflich (*adj. form of* der **Brief**) by letter
der **Briefwechsel** correspondence
die **Brille, -n** glasses, spectacles
die **Brücke, -n** bridge
die **Brust, ¨e** chest, bosom
bürgerlich bourgeois

der **Champignon, -s** mushroom
der **Charakterzug, -e** character trait
die **Couch, -es** couch

dabei present, while (doing something)
dahinter·kommen to figure something out
kam . . . dahinter, ist dahintergekommen
die **Dame, -n** lady
danach after that, thereafter
darauf thereupon
das **Darlehen, —** loan
dar·stellen to depict, represent
das **Deckzeug** bedclothes
demnach accordingly
demütigen to humiliate
das **Denken** thinking
derentwegen on whose account
dergleichen such, suchlike
deshalb therefore
deuten to interpret
deutlich clear
dicht dense
der **Dienst, -e** service
jemandem einen Dienst erweisen (erwies, erwiesen) to do someone a service
das **Ding, -e** thing
der **Diplom-Psychologe, -n, -n** certified psychologist
die **Diskrepanz** discrepancy
das **Dorf, ¨er** village
dortig (*adj. form of* **dort**) there
drauflos·reden to chatter
draußen outside
die **Dringlichkeit** urgency
drücken to press, push
der **Dschungel, —** jungle
durchaus indeed
durchbrausen to race through
durch·führen to carry out, execute
durch·laden to load; *e.g.,* a gun
(lädt . . . durch), lud . . . durch, durchgeladen
durch·nehmen to re-enact
(nimmt . . . durch), nahm . . . durch, durchgenommen
durchschauen to see through
das **Durchschnittsleben** average life, life of every man
durch·zischen to whiz through
das **Dutzend, -e** dozen

eben precisely, exactly
wie eben just like
ebenfalls likewise
der **Effekt, -e** effect
die **Egozentrik** egocentricity
eh anyhow
ehe before
die **Ehe, -n** marriage
der **Ehebruch** adultery
ehebrücheln to dabble in adultery
die **Ehefrau, -en** wife
der **Ehemann, ¨er** husband
die Ehre haben to have the honor
ehren to honor
ehrenhaft honorable
der **Ehrenmann, ¨er** respectable man, man of honor
der **Eifer** zeal, enthusiasm
mit Eifer zealously
eigen (*adj.*) own
eigenartig strange, peculiar
die **Eigenschaft, -en** trait, characteristic
eigentlich actual, real
eigentümlich strange
die **Eigentümlichkeit, -en** peculiarity
eilen to hurry
einbezogen drawn in, included
sich **ein·bilden** to imagine
der **Einbrecher, —** thief who breaks in and enters, burglar
der **Einbruch, ¨e** burglary
auf Einbruch gehen to go out on a "job"
ging auf Einbruch, ist auf Einbruch gegangen

einerseits on the one hand
der **Einfluß, ⸚sse** influence
ein·führen to institute, introduce
eingebildet vain, conceited
eingerichtet furnished
sich **ein·hängen** to link arms (with someone)
einheimisch native, local
ein·knicken to bend over; to buckle
ein·lassen to allow in
(läßt . . . ein), ließ . . . ein, eingelassen
einmal once
auf einmal suddenly, all at once
sich **ein·nisten** to settle, to find a nest (*i.e.,* secure position)
ein·richten to arrange
sich **ein·richten** to prepare oneself, resign oneself
einsam lonely, alone
einschlägig pertinent, relevant
ein·sehen to understand
(sieht . . . ein), sah . . . ein, eingesehen
die **Einsicht, -en** insight
die **Einstellung, -en** attitude
die **Einweisung, -en** referral
ek(e)lig unpleasant, disgusting
der **Ellbogen, —** elbow
die **Eltern** parents
das **Ende, -n** end; tail
endgültig permanent, final
das **Engagement, -s** booking
die **Enkelin, -nen** granddaughter
entdecken to uncover
sich **entfalten** to unfold
entfernt removed, casual
entfremdet alienated
entgegen (+ *dat.*) toward
jemanden entgegen·treten to walk toward someone
(tritt . . . entgegen), trat . . . entgegen, ist entgegengetreten
das **Entgegenkommen** cooperation, help
entgegen·kommen to come toward
kam . . . entgegen, ist entgegengekommen
entgegnen to reply
entgehen to escape
entging, ist entgangen
sich **enthalten** to refrain
(enthält . . . sich), enthielt . . . sich, sich enthalten
enthaupten to behead
enthüpfen to hop away
entlang (+ *gen.*) along
sich **entledigen** (+ *gen.*) to rid oneself of
sich **entscheiden** to decide
entschied . . . sich, sich entschieden
sich **entschließen** to decide
entschloß sich, sich entschlossen
entschlossen decisive
die **Entschlossenheit** decisiveness
der **Entschluß, ⸚sse** resolve, decision
die **Entschuldigung, -en** excuse

das **Entsetzen** horror
entsprechen (+ *dat.*) to correspond
(entspricht), entsprach, entsprochen
entstehen to arise, come into being
entstand, ist entstanden
enttäuscht disappointed
entwerfen to sketch
(entwirft), entwarf, entworfen
ein Bild entwerfen to draw up, sketch a picture
sich **entwickeln** to develop
die **Entwicklung, -en** development
das **Erbe** inheritance
erben to inherit
erdrosseln to strangle, throttle
das **Ereignis, -se** event, occasion, occurrence
erfahren to find out, learn
(erfährt), erfuhr, erfahren
der **Erfolg, -e** success
erfolgen to occur
erfolgreich successful
erfolgt concluded, effected
erforderlich necessary
erfreut pleased
erfüllen to fulfill
erfunden invented, imagined
das **Ergebnis, -se** result
ergreifen to seize, grab, move
ergriff, ergriffen
die **Ergriffenheit** emotion, mellowness
ergründen to investigate
erhalten to get, receive
(erhält), erhielt, erhalten
erhaschen to seize, grasp at
erheben to raise, lift
erhob, erhoben
sich **erheben** to rise, straighten up
erhob sich, sich erhoben
erheblich considerable
erhöht in a heightened fashion, elevated
sich **erinnern** to remember
die **Erinnerung, -en** memory
erklären to declare, to explain
erklettern (+ *d.o.*) to climb
erleben to experience
erleiden to suffer, to experience
erlitt, erlitten
ermorden to murder
eröffnen to reveal, disclose
erpicht eager, ready
erreichen to accomplish
erscheinen to appear
erschien, erschienen
die **Erscheinung, -en** phenomenon
erschießen to shoot (to death)
erschoß, erschossen
erschöpft exhausted
erschrecken to take fright, be shocked
(erschrickt), erschrak, ist (hat) erschrocken
erschrocken horrified
ersetzen to replace

erspähen to espy, to catch sight of
erst not until
erstarrt fixed
das **Ertrinken** drowning
erwachen to awaken
wie erwachend as if awakening
die **Erwartung, -en** expectation
erwidern to reply, to answer
erwischen to catch, to get
erzählen to tell, relate
der **Erzähler, —** narrator
die **Erzählung, -en** story
die **Esse, -n** forge
das **Essen, —** meal
etabliert established, well known
etwa perhaps
die **Existenz, -en** *das Leben*
das **Extramodell** special model

die **Fabrik, -en** factory
das **Fach, ¨er** field, area of competence
der **Faden, ¨—** thread
zu etwas fähig sein to be able to do something
die **Fahrbahn, -en** roadway
der **Fall, ¨e** case
das **Fallbeil** guillotine
die **Falle, -n** trap
eine Falle stellen to set a trap
die **Färbung, -en** color, coloration
fassen to comprehend; to contain
der **Fehler, —** defect
der **Fehltritt, -e** misstep, indiscretion
feierlich solemn, formal; elegant
feindselig in a hostile way
das **Fell** hide, pelt
das Fell über die Ohren ziehen (zog, gezogen) to put someone's hide over his ears, to skin someone
der **Fensterbord, -e** windowsill
fern far away, in the distance
fest firmly, fast (tightly)
fest·stellen to ascertain
die **Feststellung, -en** discovery
das **Feuer** fire; light (for a cigarette)
die **Fläche, -n** surface
die **Flamme, -n** flame
die **Flasche, -n** bottle
der **Floh, ¨e** flea
flöten to flute; *i.e.,* to speak in a falsetto
flüchten to flee
der **Flug, ¨e** flight
im Fluge in flight
der **Fluß, ¨sse** river
die **Folge, -n** sequence
folgend following
fordern to ask, demand
die **Forelle, -n** trout
die **Formel, -n** formula, legal procedure
förmlich formal, ceremonious

fort·fahren to continue
(fährt . . . fort), fuhr . . . fort, ist fortgefahren
das **Fortkommen** progress, getting ahead
fort·setzen to continue
das **Frauchen, —** little woman
frei·sprechen to set free; to allow to go unpunished; to acquit
(spricht . . . frei), sprach . . . frei, freigesprochen
freiwillig willingly
fremd strange
fremdartig foreign-looking, strange
die **Fremde** foreign country
die **Freude, -n** joy, delight, pleasure
der **Freudentag** the joyous day
freudig joyous, happy
freuen to please, make happy
die **Freundlichkeit** friendliness, kindness
die **Freundschaft** familiarity, friendship
die **Frische** cool (air), freshness
die **Frucht, ¨e** fruit
früher former
das **Frühjahr** spring
das **Frühstücksgeschirr** breakfast dishes
führen to take, to lead
fundieren to support, strengthen, reinforce
funkeln to shine
sich **fürchten vor** (+ *dat.*) to be afraid of
fürchterlich awful

der **Gang, ¨e** course (of a meal); walk; hall, corridor
die **Gans, ¨e** goose
ganz all, entire
aufs Ganze gehen to go to one's limit
gänzlich totally, completely
der **Gasarm, -e** arm of a gaslight fixture
die **Gasse, -n** street, alley
der **Gasthof, ¨e** inn
die **Gattin** wife
das **Gaudi** fun, merriment
gaunern to cheat
der **Gauner, —** rascal, scoundrel
geachtet respected
geb. (*abbrev. for* **geboren**) *née,* born (*i.e.,* a woman's maiden name)
gebären to give birth to, bear
gebar, geboren
das **Gedächtnis** memory
der **Gedanke, -n, -n** thought
die **Gedankenlosigkeit** thoughtlessness
gedemütigt humiliated
das **Gedränge** crowd
geeignet suitable
gefährlich dangerous
das **Gefängnis, -se** prison
das **Gefühl, —** feeling
gegen against; along toward (in time expressions)
gegenseitig mutual

der **Gegenstand, ¨e** object
das **Gegenteil** the opposite
im Gegenteil on the contrary
gegenüber (*follows dat. obj.*) across from
gegenüber von (+ *dat.*) across from
mir gegenüber toward me; with me
der **Gegner, —** opponent
geheim·halten to keep secret
(hält . . . geheim), hielt . . . geheim, geheimgehalten
geheuer (*only in negative*)
nicht geheuer eerie, creepy
das **Gehirn, -e** brain
gehüllt covered
die **Geisha** geisha
die **Geisteskrankheit, -en** mental illness
geistig mental
der **Geistliche** (*adj. noun*) priest
gejagt chased, pursued
das **Gelächter** laughter
das **Geländer, —** railing
die **Geländerstange, -n** railing bar
gelb yellow
gelb zum Wegwerfen yellow enough (with ill health) to be thrown away
der **Geldschein, -e** bill (money)
die **Gelegenheit, -en** opportunity
der **Geliebte** (*adj. noun*) lover
die **Geliebte** (*adj. noun*) mistress, lover
gelingen (+ *dat.*) to succeed, to work
gelang, ist gelungen
gelten lassen to carry weight
(läßt gelten), ließ gelten, gelten lassen
die **Gemahlin, -nen** wife (*archaic*)
gemeinsam common, mutual
gemütlich cozy, comfortable
die **Gemütsbewegung** emotion
der **Generalvertreter, —** salesman, general agent
gerade straight, direct; just
geradezu nearly, frankly, downright
gerecht just
die **Gerechtigkeit** justice
das **Gericht, -e** court (of law)
„Hohes Gericht" "Your Honor"
gerichtet directed (at)
auf sich gerichtet directed at oneself
das **Gerichtsgebäude** courthouse
der **Gerichtssaal, -säle** courtroom
die **Gerichtsverhandlung, -en** trial
geringst- slightest
gerührt moved, touched, filled with emotion
gesellschaftlich social
geschädigt wronged, let down
das **Geschäft, -e** business, business deal
bei diesem Geschäft on this deal
Geschäfte abschließen, schloß . . . ab, abgeschlossen to close deals
geschäftlich businesslike
das **Geschäftsleben** business world
der **Geschäftsmann,** die **Geschäftsleute** businessman
der **Geschäftszweig, -e** branch of a business
das **Geschehen** happening
geschehen to happen
(geschieht), geschah, ist geschehen
das **Geschenk, -e** gift
die **Geschichte, -n** story
geschichtlich historical
das **Geschick, -e** fate, destiny
geschieden divorced
geschliffen honed
geschmeichelt flattered
die **Gesellschaft, -en** society
gesellschaftlich social
das **Gesetz, -e** law
das **Gesetzbuch, ¨er** law book
gesetzwidrig illegal
das **Gesicht, -er** face
das **Gespött** mockery
das **Gespräch, -e** conversation
das **Geständnis, -se** confession
gestatten (+ *dat.)* to allow, to permit
die **Geste, -n** gesture, action
gestehen to confess, to admit
gestand, gestanden
gestützt propped
das **Getränk, -e** beverage, drink
getrieben driven
in Gewahrsam nehmen to take into custody
(nimmt . . . in Gewahrsam), nahm . . . in Gewahrsam, in Gewahrsam genommen
gewaltig violent
der **Gewinn** profit
gewöhnlich common
gewohnt accustomed, used
gezwungen forced
das **Gift, -e** poison
der **Gipfel, —** peak, summit
das **Glas, ¨er** glass
die **Glasscheibe, -n** pane of glass
der **Glatzköpfige** (*adj. noun*) bald-headed man
gleich (*adj.*) equal
gleich (*adv.*) right away
gleichgültig indifferent
gleichzeitig at the same time
die **Gliederung, -en** outline
glitzern to glitter, glisten
die **Glitzerwelt** tinsel world, glamor world
das **Glück** happiness, good fortune
ein Glück a good thing, a stroke of luck
zum Glück fortunately
um Gottes willen for God's sake
grad (gerade) straight, direct
der **Gram** grief, sorrow
gratulieren (+ *dat.*) to congratulate
grausam cruel
greifen to grab, seize
griff, gegriffen

der **Griff, -e** grip (strength)
die **Grimasse, -n** grimace
der **Grund, ¨-e** foundation, basis, reason
im Grunde basically
vom Grund aus from the bottom up; completely
grüßen to greet
die **Gunst** attention, favors
das **Gutachten, —** expert's report
der **Gutachter, —** legal expert, consultant

das **Hähnchen, —** chicken
halb half
die **Halbwelt** demi-monde
der **Hals** neck
jemandem den Hals um·drehen to wring someone's neck
halsabschneiderisch (*adj.*) cutthroat
halten für to consider to be, to think
(hält), hielt, gehalten
halten von to think of
(hält), hielt, gehalten
die **Haltung, -en** attitude, behavior
handeln to act, proceed
es handelt sich um (+ *acc.*) it concerns, it is a question of, it's about
der **Handelsmann** salesman
die **Handvoll** handful
harmlos harmless
die **Harmonie** harmony
harmonisch harmonious
der **Hauch** breath; touch (of something)
hauen to hit, thrash
häufig frequent
das **Hauptgericht, -e** main dish (course)
die **Hauptsache** the main thing
das **Häuschen, —** cottage
die **Hausfrau, -en** housewife
der **Hausherr, -n, -en** host
der **Hausierer, —** door-to-door salesman
die **Hautfarbe** skin color
heben to raise
hob, gehoben
heftig violent
hegen to harbor
die **Heimat** homeland
das **Heimatdorf, ¨-er** hometown
heim·fahren to drive home
(fährt . . . heim), fuhr . . . heim, ist heimgefahren
die **Heimlichkeit, -en** secret
die **Heimtücke** malice (aforethought)
die **Heirat** marriage
heiraten to marry, get married
heißen to be called; to mean
das heißt (d.h.) that is to say
helfen (bei) to help (with)
(hilft), half, geholfen
der **Henker, —** hangman, executioner
heran·fahren to drive up
(fährt . . . heran), fuhr . . . heran, ist herangefahren
sich **heran·machen an** (+ *acc.*) to force oneself on
heraus·bringen to determine, to find out
brachte . . . heraus, herausgebracht
heraus·fordern to challenge
heraus·schneiden to cut out
schnitt . . . heraus, herausgeschnitten
die **Herberge, -n** hostel, flophouse
der **Herbst** fall
der **Herbsttag, -e** fall day
herum·fahren to drive away
(fährt . . . herum), fuhr . . . herum, ist herumgefahren
die **Herzgegend** area around the heart; chest
die **Herzgeschichte, -n** heart trouble
der **Herzinfarkt, -e** heart attack, coronary
die **Herzkrankheit, -en** heart trouble
herzlich cordially
der **Heuschober, —** haystack
hierher here; to this place
der **Himmel** heaven
um Himmels willen for heaven's sake
hindern to hinder
das **Hindernis, -se** obstacle
hin·deuten auf (+ *acc.*) to suggest
hinein·leuchten to shine into
die **Hingabe** devotion
hingegen on the other hand
sich **hin·legen** to lie down
hin·nehmen to take, to accept
(nimmt . . . hin), nahm . . . hin, hingenommen
von hinnen thence, away
hin·richten to execute
hinterher after (it)
der **Hintere** rear end
das **Hinterzimmer, —** back room
hinüber gone, passed on (*i.e.,* dead)
hinunter down
an sich hinunter·sehen to look down at oneself
(sieht . . . hinunter), sah . . . hinunter, hinuntergesehen
der **Hinweis, -e** tip
sich **hin·ziehen** to stretch out
zog sich . . . hin, sich hingezogen
hochgespannt tense
hoch·kommen to surface, emerge
kam . . . hoch, ist hochgekommen
höchstens at most
die **Hochzeit, -en** wedding
hoch·ziehen to raise
zog . . . hoch, hochgezogen
hocken to squat, sit
der **Hof, ¨-e** courtyard
hoffen auf (+ *acc.*) to hope for
die **Hoffnung, -en** hope
hoffnungslos hopeless; in despair
die **Höhe, -n** height

der **Höhepunkt** highpoint, climax
holen to fetch, to go and get
hörbar audible
die **Hotelauffahrt, -en** hotel entrance (for automobiles)
der **Hund, -e** dog
hüpfen to hop

die **Idee, -n** idea
auf die Idee kommen (+ *inf. cl.*) to hit upon the idea of
illegitim illegal
indessen in the meantime
infam infamous
insgesamt in all, altogether
das **Interesse, -n** interest
inzwischen in the meantime
sich **irren** to be wrong

jahrelang for years
die **Jalousie, -n** Venetian blind
jedenfalls in any case
jedoch but, however
jemals ever
jemandem etwas vor·werfen to reproach someone with something
(wirft . . . vor), warf . . . vor, vorgeworfen
jener, jene, jenes that
jenseits on the far side of
jeweilig (*adj.*) at the time
der **Jubel** joy, jubilation
der **Jugendtraum, ⸚e** childhood dream
der **Junggeselle, -n, -n** bachelor
das **Junggesellentum** bachelorhood
der **Justizpalast** palace of justice
die **Justizvollzugsanstalt, -en** penitentiary

der **Kabarettist, -en** cabarettist
der **Kalbsnierenbraten** roast loin of veal
der **Kamerad, -en, -en** friend, comrade
der **Kamin, -e** fireplace
kämpfen um to fight for
das **Känguruh, -s** kangaroo
die **Karriere, -n** career
der **Käse** cheese
der **Kasten, —** chest of drawers
kauern to crouch
der **Kauf, ⸚e** purchase
der **Kaufmann, -leute** merchant, businessman
kaum scarcely, hardly
die **Kauzigkeit** eccentricity
die **Kenntnis, -se** knowledge
die **Kerze, -n** candle
das **Kerzenlicht, -er** candlelight
die **Kittelschürze, -n** smock, apron
klagen to complain
der **Klang, ⸚e** sound
das **Kleid, -er** dress
die **Kleinigkeit, -en** little thing
der **Kleinviehzüchter, —** breeder of small animals (*i.e.*, ducks, geese, chickens)
klettern auf (+ *acc.*) to climb onto
knapp close; brief, short
knarren to creak
das **Knäuel** throng
der **Kneipenwirt, -e** owner of a bar
knien to kneel
der **Knochen, —** bone
bis in die Knochen to the very bones
die **Kolportagewelt** cheap world
das **Zeug** stuff
komisches Zeug nonsense (*lit.:* funny stuff)
kommen auf (+ *acc.*) to think of
kam, ist gekommen
der **Komödiant, -en, -en** comedian
kompliziert complicated
die **Konfliktquelle, -n** source of conflict
die **Konkurrenz** competition
konkurrieren to compete
der **Kontakt, -e** contact
das **Kontobuch, ⸚er** ledger
köpfen to behead
das **Korrespondenzverhältnis** correspondence
die **Kraft, ⸚e** strength
kräftig strong
der **Kraftmeier, —** strongman
der **Kragen, —** collar
der **Kram** nonsense, junk
krank ill, sick
kränken to annoy, irritate, insult
die **Krankenabteilung, -en** infirmary
die **Krankenstation, -en** infirmary
der **Kreis, -e** circle, group
kreuzen to cross
kriechen to crawl
kroch, ist gekrochen
der **Krieg, -e** war
die **Krönung, -en** *lit.:* crowning, coronation; highpoint
die **Kuh, ⸚e** cow
kümmern to bother
die **Kundschaft** (*sing.*) customers
künftig (*adj.*) future
der **Kunststoff, -e** synthetic fiber
die **Kupplung** clutch
kurz brief, short
seit kurzem recently, for a short time
der **Kuß, ⸚sse** kiss

das **Lächeln** smile
das **Lachen** laughter
lachen to laugh
der **Laden, ⸚** store
der **Landarbeiter, —** farm worker
der **Landesgerichtsarzt, ⸚e** district court doctor
das **Landgericht, -e** district court

der **Landsmann, die Landsleute** compatriot
landwirtschaftlich agricultural
die **Langsamkeit** slowness
längst long since
der **Lauf, ¨e** course
  im Laufe (+ *gen.*) in the course of
  auf dem laufenden current
das **Leben** life
leben to live
  es lebe long live (someone or something)
der **Lebensgefährte, -n, -n** companion, partner
die **Lebensweise** life style
lecker delicious, appetizing
die **Lehne, -n** back (of a chair)
lehren to teach
die **Leiche, -n** corpse, body
leichtgebaut lightly built, flimsy
die **Leichtigkeit** ease
das **Leid** sorrow; harm, hurt
leiden to suffer
  litt, gelitten
die **Leidenschaft, -en** passion
die **Leinenunterhose, -n** linen underpants
leise softly
leitend leading, chief
lernen to learn
die **Leute** people
das **Lieben** loving; love life
das **Liebesritual, -e** erotic ritual
der **Liebhaber, —** lover
die **Lieblingsvorspeise, -n** favorite first course (of a meal)
der **Lieferant, -en** supplier
liegen to lie
  lag, gelegen
die **Liste, -n** list
der **Lohn** wages, pay
  gegen Lohn for wages
los·werden to get rid of
  (wird . . . los), wurde . . . los, ist losgeworden
lügen to lie
  log, gelogen
lügnerisch untruthful
lukrativ profitable
lukullisch sumptuous
lumpig ragged, shabby; scandalous, terrible
die **Lust** desire
der **Luxusschlitten, —** luxury sleigh (fancy car)
die **Luxusvilla, -villen** luxury villa

mächtig strong, powerful
der **Makler, —** broker
die **Makronentorte, -n** macaroon torte
das **Mal, -e** time
  mit einem Mal all at once
die **Mandantin, -nen** client (*fem.*)
männlich masculine
das **Mannsbild, -er** male
der **Markt, ¨e** market
die **Materie** subject matter
materiell (*adj.*) material
die **Mauer, -n** wall
mehrmals several times
meinen to think
die **Meinung** opinion
meist mostly
der **Melker, —** dairy man
die **Menge, -n** crowd
merken to notice
merkwürdig odd, strange; remarkable; suspicious
die **Merkwürdigkeit** remarkable thing
der **Metzger, —** butcher
mieten to rent
mild light, mild
milieugerecht appropriate to (one's) social class
mißlungen failed, miscarried
mitleidig full of sympathy
mitnichten in no way
mit·spielen to play along
mittags at noon
mit·teilen to inform, tell
die **Mitteilung, -en** piece of news
das **Mittel, —** means, method; instrument, weapon
der **Mokka** Turkish coffee, mocha
mollig plump, soft, cushiony
das **Moment, -e** factor, point
monatlich monthly
die **Monatsmiete** monthly rent
der **Mord, -e** murder
  einen Mord begehen (beging, begangen) to commit a murder
das **Mordchen, —** little murder
morden to murder
der **Mörder, —** murderer
der **Mordfall, ¨e** murder case
die **Moritat, -en** ballad
motivieren to motivate
die **Mühe** effort, difficulty
mühsam slow, difficult
Münchner *adj. form of* **München,** Munich
der **Mund, ¨er** mouth
munter alert, awake, cheerful
der **Muskel, -n** muscle, brawn
der **Mut** courage
  Faß Mut! Chin up! Be brave!

nach·äffen to mimic
das **Nachbardorf, ¨er** neighboring village
nach·denken to think back, meditate
  dachte . . . nach, nachgedacht
  nach·denken über (+ *acc.*) to think, reflect on
nach·erzählen to retell
nach·lassen to weaken, fail
  (läßt . . . nach), ließ . . . nach, nachgelassen
nach·rühmen to praise
das **Nachtquartier** place to spend the night
nach·schauen to check

nach·stehen to follow
stand . . . nach, nachgestanden
nächstens very soon
der **Nachtisch, -e** dessert
nachträglich after the fact; subsequent
nach·weisen to establish
wies . . . nach, nachgewiesen
nackt naked
das **Nadelöhr** eye of a needle
die **Nähe** vicinity
in der Nähe in the vicinity; nearby
nähen to sew
Näheres (*adj. noun*) (in) more detail
sich **nähern** (+ *dat.*) to approach
die **Nähmaschine, -n** sewing machine
die **Nahrung** nourishment
nämlich namely, that is to say
nanu? what's that?
die **Narbe, -n** scar
neben- (*in compound words*) secondary
nebenbei as an aside
nee (nein) no
nett nice
neugierig curious
die **Neuigkeit, -en** piece of news
die **Nichte, -n** niece
nicken to nod
nieder·drücken to put down
niedergebrannt burned down, burned low
nieder·schlagen to depress
(schlägt . . . nieder), schlug . . . nieder, niedergeschlagen
niedrig low
niemals never
nimmer never, no more
hinfort nimmer (*archaic*) no more
nippen to nibble, poke at
notdürftig scanty, unsatisfactory
nötig necessary
die **Nötigung** compelling reason
notwendig necessary
nur zu just go ahead
nützen to be of use
nutzlos useless, needless

oberflächlich superficial
der **Oberschenkel, —** upper thigh
der **Oberstaatsanwalt, ¨e** chief prosecutor
obgleich although
offenbar obviously
die **Öffentlichkeit** public
das **Ohr, -en** ear
der **Onkel, —** uncle
der **Opa, -s** grandpa
das **Opfer, —** victim
ordentlich really
orientieren to inform
der **Ort, -e** place

das **Paar, -e** couple
pachten to lease
der **Paragraph, -en, -en** legal paragraph, section of a law
parken to park
passen to be appropriate, to matter
passieren to occur
das **Patent, -e** license, permit
das **Pech** pitch
Pech! bad luck!
pensioniert retired
das **Personal** staff, personnel
persönlich personal
die **Petersilie** parsley
der **Pfahl, ¨e** post
die **Pflege** care
die **Pflicht** duty
die **Phase, -n** phase
die **Pistole, -n** gun
das **Plädoyer, -s** attorney's summation
der **Plafond, -s** ceiling
die **Plage, -n** pain, bother, inconvenience
der **Platz, ¨e** seat
der **Polizist, -en, -en** policeman
der **Portier, -s** doorman
der **Posten, —** post, occupation, job; role
prächtig magnificent, splendid
das **Profil, -e** profile, sketch
der **Profit** profit, gain
proper clean, tidy
das **Protokoll, -e** record; minutes
zu Protokoll geben to testify, say for the record
der **Prozeß, -sse** trail
psychiatrisch psychiatric
der **Psychologe, -n, -n** psychologist
der **Punkt, -e** point, matter
die **Pupille, -n** pupil (of the eye)

die **Quelle, -n** source
quer durch right across

raffiniert clever, refined
der **Rand, ¨er** edge, verge, border
rasch rapid, fast
die **Rasse, -n** race, breed
der **Rat** advice
der **Ratschlag, ¨e** advice, piece of advice
der **Raum, ¨e** space; room
die **Raupe, -n** caterpillar
reagieren auf (+ *acc.*) to react to
realitätsangepaßt realistic
das **Recht, -e** right
recht right; really, quite; real
der **Rechtsanwalt, ¨e** attorney
die **Rede, -n** speech
das **Regal, -e** shelf
regnerisch rainy
reif mature, ripe
die **Reihe, -n** row
rein pure, clean
reiten to ride
ritt, ist (hat) geritten

reizen to bother, irritate
rempeln to jostle
die **Reparaturwerkstätte, -n** repair shop
Respekt haben vor (+ *dat.*) to have respect for
der **Rest, -e** rest, remainder; remains
retten to save
die **Reue** regret
der **Richtblock** executioner's block
richten to make (judicial) decisions, to adjudicate
der **Richter, —** judge
der **Richtertisch** bench
richtig right
der **Riese, -n, -n** giant
das **Ritual, -e** ritual
der **Robuste** (*adj. noun*) the robust man
das **Röcheln** death rattle
der **Rock, ⸚e** skirt
die **Rolle, -n** role
der **Rollenwechsel** role exchange
das **Roß, -sse** horse
hoch zu Roß sitzen sitting high on a horse; riding high
rotlackiert painted red
rücken to move
der **Rückschlag** recoil, kick (of a gun)
die **Rücksicht** concern, consideration (for someone else)
ohne Rücksicht auf (+ *acc.*) without regard to
aus Rücksichtnahme out of consideration
rücksichtslos with no consideration, ruthlessly
die **Ruhe** rest, peace, quiet
sich **rühmen** to brag, boast
rühren to move
sich **rühren** to stir, move
der **Ruin** ruin (*e.g.*, bankruptcy)
die **Runde, -n** round; set of dances

die **Sache, -n** matter
sagenhaft legendary
sauer sour
der **Schaden, ⸚** damage, harm
schädigen to harm, hurt
schaffen to make, produce; to work
zu schaffen machen to give (one) trouble
schänden to desecrate
der **Scharfsinn** acuity, cleverness, intelligence
der **Schatten, —** shadow
schauen *sehen*
der **Schauspieler, —** actor
die **Schauspielerin, -nen** actress
die **Schauspielschülerin, -nen** acting student (*fem.*)
der **Scheibenwischer, —** windshield wiper
sich **scheiden lassen** to get divorced
(läßt sich scheiden), ließ sich scheiden, sich scheiden lassen
die **Scheidung, -en** divorce
der **Schein** appearance, illusion
scheinbar apparent
die **Scheu** shyness, timidity
ohne Scheu without fear or reservation
das **Schicksal, -e** fate
schieben to push
schob, geschoben
schief tilted
die **Schildkröte, -n** turtle
schillernd scintillating
die **Schläfe, -n** temple
der **Schlafrock, ⸚e** bathrobe
der **Schlag, ⸚e** blow
die **Schlagermusik** pop music
schlicht simple
schließen to close, to conclude
schloß, geschlossen
schließlich after all, in the last analysis
schlimm bad, unpleasant, ugly
die **Schlinge, -n** noose
die Schlinge zu·ziehen (zog . . . zu, zugezogen) to tighten the noose
schlottern to tremble
der **Schluß, ⸚e** conclusion
zum Schluß kommen to conclude
(kam zum Schluß, ist zum Schluß gekommen)
das **Schlußbild, -er** final image
schmal thin, narrow
der **Schmerz, -en** pain
an·schmücken to decorate
schmutzig dirty
der **Schöffe, -n, -n** juror (*archaic*)
sich **schonen** to take it easy, save one's strength
schonend considerately
der **Schopf, ⸚e** tuft of hair
jemanden beim Schopf halten (hält, hielt, gehalten) to hold someone by the hair (in order to tell him something important)
das **Schreckbild, -er** horrible image, vision, picture
schrecklich terrible
die **Schreiberei, -en** written record
das **Schreibzeug** (*sing.*) writing things
die **Schrift, -en** writing, handwriting
schriftlich written
schrullig funny (peculiar)
die **Schuld** fault, guilt
schuld an (+ *dat.*) guilty of
die **Schuldfrage, -n** question of guilt
schuldig guilty
schuldlos guiltless
die **Schulter, -n** shoulder
der **Schurke, -n, -n** scoundrel, rascal
die **Schürze, -n** apron
der **Schuß, ⸚sse** shot
die **Schußwaffe, -n** gun
die **Schwangerschaft** pregnancy
der **Schwarzhändler, —** black marketeer
das **Schweigen** silence

der **Schweigende** (*adj. noun*) the silent man
der **Schweißausbruch** *lit.:* sweat outbreak; *i.e.,* covered with sweat
schwer serious
schwierig difficult (in temperament)
schwindeln to deal in lies, to swindle
schwingen to swing
schwang, ist (hat) geschwungen
der **Schwurgerichtssaal, -säle** courtroom
die **Seele, -n** psyche, soul
die **Seelenruhe** peace of mind
der **Seelenzustand, ¨-e** mental state
seelisch mentally
die **Sehnsucht** yearning, longing
seitlich sideways
selbstbewußt self-confident
selbstgenäht home-sewn
der **Selbstmordsversuch, -e** suicide attempt
selig *lit.:* blessed, blissful; late, deceased
seltsam strange, odd
senken to lower
der **Sessel, —** easy chair
der **Sinn, -e** sense
die **Situation, -en** situation
die **Skilehrerin, -nen** skiing instructor (*fem.*)
die **Skitour, -en** skiing trip
skizzieren to sketch
sogenannt so-called
sogleich immediately
sonderbar odd, strange
sondern rather, but
der **Sonnenaufgang, ¨-e** sunrise
sonstwer (sonstwen, sonstwem) someone else
die **Sorge, -n** concern, worry
sorgsam careful
der **Spaß, ¨-e** fun, joke
der **Spaßmacher, —** joker
spätabends late in the evening
spazieren·fahren to go for a drive; to take (someone) for a drive
(fährt . . . spazieren), fuhr . . . spazieren, ist (hat) spazierengefahren
die **Speisefolge** sequence of dishes (in a meal)
das **Speisehaus, ¨-er** eating place
das **Speisezimmer, —** dining room
sperren to close, lock
der **Spezi** chum, pal
das **Spiel, -e** play, game
spielerisch playful
die **Spielregel, -n** game rule
spritzig effervescent, bubbly
spüren to feel
der **Staatsanwalt, ¨-e** state's attorney, prosecuting attorney
die **Staatsanwaltschaft** office of the state's attorney
stabil stable
das **Stadtviertel, —** section (of a city)
die **Staffelei, -en** easel
stammen aus to come from
ständig all the time, constantly
der **Star, -s** star (in show business)
stark strong
die **Stärke, -n** strength
stärken to strengthen
stattdessen instead
statt·finden to take place
fand . . . statt, stattgefunden
stattlich splendid, handsome
der **Staub** dust
staunen to be surprised, amazed
stechen to sting, bite
(sticht), stach, gestochen
stecken to put, stick
steigen to climb
stieg, ist gestiegen
steigern to raise, intensify
sterben an (+ *dat.*) to die of
(stirbt), starb, ist gestorben
die Steuerungsunfähigkeit inability to control oneself
stillschweigend tacitly
die **Stimme, -n** voice
das stimmt that's right, that's true
die **Stimmung, -en** atmosphere, mood
stocken to stop, falter, hesitate, stagnate
der **Stolz** pride
stolz proud
stören to disturb, bother
die **Störung, -en** disturbance
ohne Störung undisturbed
stoßen an (+ *acc.*) to run into
(stößt), stieß, ist gestoßen
den Strafantrag stellen to ask for the appropriate punishment
die **Strafe, -n** punishment
das **Strafgesetzbuch** penal code
das **Strafmaß** degree of punishment, penalty
der **Strahl, -en** beam, ray
streiken to strike, stop working
streiten to argue, fight
stritt, gestritten
der **Strich, -e** line
struppig disheveled
die **Stufe, -n** step
der **Stümper, —** fool, bungler
stürzen to fall
suchen (versuchen) to attempt
der **Suff** boozing
im Suff in one's cups, drunk
der **Sünder, —** sinner
der **Supermarkt, ¨-e** supermarket

die **Tafelrunde** *lit.:* round table; group of people at a round table
die **Tante, -n** aunt
tanzen to dance
der **Tänzer, —** dancer
das **Täßchen, —** demitasse
die **Tat, -en** crime, deed, action

der **Täter, —** doer, culprit
der **Tathergang** sequence of events (in a crime)
die **Tätigkeit, -en** activity
die **Tatsache, -n** fact
tatsächlich actually, indeed, in fact
der **Tau** dew
täuschen to deceive
teilen to share
das **Telefonhäuschen, —** telephone booth
telefonieren to telephone
die **Tendenz, -en** trend, theme, message
der **Test, -s** test
teuflisch diabolical
der **Textilhändler, —** textile dealer
der **Textilreisende** (*adj. noun*) traveling salesman of textiles
die **Textilware, -n** textile goods
der **Theaterkritiker, —** theater critic
das **Thema, Themen** theme, topic
ein Thema an·schneiden (schnitt . . . an, angeschnitten) to introduce a theme
tiefgreifend profound
das **Tier, -e** animal
tippeln *lit.:* to wander about; to hitchhike
die **Tochter, ⸚** daughter
todernst deadly earnest
der **Todesfall, ⸚e** death
die **Todesstrafe** death penalty
das **Todesurteil, -e** death sentence
tödlich fatal
das **Tor, -e** gate, house door, courtyard door
die **Torschlußpanik** eleventh-hour panic
töten to kill, murder
tot·schießen to shoot dead
schoß . . . tot, totgeschossen
der **Totschlag** manslaughter
der **Totschläger, —** person who has committed manslaughter
der **Trachtler, —** one who affects the local costume
die **Trauer** sorrow
der **Traum, ⸚e** dream
träumen to dream
ich träume dir I'm coming to you in a dream
traumhaft dreamlike
traurig sad
treffen to meet; to hit
(trifft), traf, getroffen
treiben to carry on; to drive
trieb, getrieben
trennen to separate
die **Trennung, -en** separation
die **Treppe, -n** stairway, staircase
die Treppe hinauf up the stairs
treten to walk; to kick
(tritt), trat, ist (hat) getreten
die **Treue** faithfulness
die **Trikothose, -n** long underwear
der **Trinkspruch, ⸚e** toast
der **Tritt, -e** tread
die **Trockenheit** dryness, perfunctoriness
der **Trost** comfort, consolation
der **Tröster, —** comforter
den Tröster abgeben to play the comforter
der **Trottel, —** idiot, fool
trotzdem in spite of that
die **Trümmer** (*pl.*) ruins
tüchtig proficient, capable, hard-working
die **Tugend, -en** virtue
tummeln to exercise (a horse)
sich **tummeln** to frolic
der **Tumult, -e** riot, public disorder
der **Turner, —** gymnast
der **Typ, -en** type, kind

überdurchschnittlich above average
überfüllt overcrowded
übergroß outsized, overlarge
überhaupt at all, even
überlegen to cover; to consider
sich etwas wieder anders überlegen to change one's mind
übernachten to spend the night
übernehmen to take over, assume
(übernimmt), übernahm, übernommen
sich **überpurzeln** to do cartwheels
überrascht surprised
überreden zu to talk (someone) into, convince; to persuade
überrumpeln to catch by surprise
übertönen to drown out
übertragen to move along
(überträgt), übertrug, übertragen
übertreffen to surpass
(übertrifft), übertraf, übertroffen
überzeugt (von) convinced (of)
übrig·bleiben to be left over, remain
blieb . . . übrig, ist übriggeblieben
im übrigen for the rest
das **Ufer, —** bank
die **Uhrkette, -n** watch chain
sich **um·bringen** to kill oneself
brachte sich um, sich umgebracht
der **Umfang** dimension, volume
umflattern to flutter around
umgeben to surround
(umgibt), umgab, umgeben
der **Umsatz** turnover (in business)
sich **um·schauen nach** to look around for
der **Umstand, ⸚e** circumstance, situation
unbedingt absolutely, by all means
unbeholfen awkward, feckless
unbesetzt unoccupied, not taken
unbezahlt unpaid
unehrlich dishonest
unentbehrlich indispensable
unerbeten unwelcome, unsolicited
unerträglich unbearable
unerwartet unexpected
unfähig incapable
ungelegen at an awkward time

ungeordnet in no particular order
ungestört undisturbed
ungleich unequal
die **Ungleichheit, -en** inequality, disparity
das **Unglück** misfortune, unhappiness
der **Unglücksmensch, -en, -en** unfortunate person, poor fool
unheimlich uncomfortable, uncanny, weird
unnachsichtlich ruthless
unnötig unnecessary
unschuldig innocent
unsicher unsure
der **Unsinn** nonsense
der **Untergebene** (*adj. noun*) subordinate
unterhalten to entertain, amuse
(unterhält), unterhielt, unterhalten
sich mit jemandem unterhalten to have a conversation with someone
(unterhält sich), unterhielt sich, sich unterhalten
unter·kriegen to get (someone) down
unterscheiden to distinguish
unterschied, unterschieden
sich **unterscheiden** to differ
unterschied sich, sich unterschieden
unterschieden different, differentiated
untersuchen to investigate, check out, look into
die **Untersuchung, -en** investigation
das **Untersuchungsgefängnis, -se** prison where suspects are held for interrogation
unterworfen (+ *dat.*) subject to
die **Untreue** unfaithfulness
unverfänglich harmless
der **Unverstand** lack of understanding or judgment; imprudence, folly
unvorstellbar unimaginable
unwichtig insignificant, unimportant
unzurechnungsfähig mentally unfit
die **Urne, -n** urn
das **Urteil, -e** sentence, judgment
das Urteil fällen to pass sentence, to pronounce judgment
urteilen über (+ *acc.*) to make a judgment about

sich **verabreden** to make an appointment
sich **verändern** to change
die **Veränderung, -en** change
die **Veranlassung, -en** cause, reason
der **Verband, ¨e** organization, association
verbergen to hide, conceal
(verbirgt), verbarg, verborgen
sich **verbessern** to better oneself
verbinden to connect
verband, verbunden
sich **verbinden mit** to ally oneself with, make common cause with
verband sich, sich verbunden
die **Verbindung, -en** connection, contact
verbittert embittered
das **Verbrechen, —** crime
ein Verbrechen begehen to commit a crime
der **Verbrecher, —** criminal
verbrecherisch criminal
sich **verbreiten über** (+ *acc.*) to expatiate on, enlarge upon
der **Verbündete** (*adj. noun*) ally
der **Verdacht** suspicion
verdächtigt (+ *gen.*) suspected of
jemandem etwas verdanken to be indebted to someone for something
verdecken to hide, conceal, mask
verdienen to earn, deserve
sich **verdingen** to hire oneself out
verdoppeln to double
verdorben spoiled
verdrängen to push aside, to get rid of
verehrt honored
vereinfachen to simplify
der **Verewigte** (*adj. noun*) the deceased
der **Verfasser, —** author
verfolgt pursued
die **Verfügung** decree, ordinance
sich jemandem zur Verfügung stellen to put oneself at someone's disposal
verfünffachen to increase fivefold
vergehen to pass
verging, ist vergangen
vergiften to poison
vergittert barred, behind bars
der **Vergleich, -e** comparison
vergleichen mit to compare to
verglich, verglichen
das **Vergnügen, —** pleasure
verhaften to arrest
sich **verhalten zu** to behave toward
verhält sich, verhielt sich, sich verhalten
das **Verhältnis, -se** relationship
die **Verhältnisse** (*pl.*) the situation, the way things are, "things"
verhandeln to negotiate
das **Verhängnis** fate, destiny; fateful hour
verhindern to stop, prevent
verheimlichen to keep secret
verheiratet married
verhökern to hawk, sell
das **Verhör, -e** interrogation, formal questioning
der **Verkehr** contact; traffic
verkehren to deal with, traffic with
verkehrt perverse
verkünden to announce
verkuppeln an (+ *acc.*) to marry off to, to match up
verlachen to ridicule
verlangen to demand
verlaufen to run its course, to pass
(verläuft), verlief, ist verlaufen
verlegen to move, relocate
verlegen (*adj.*) confused, embarrassed

verlesen to read out
(verliest), verlas, verlesen
die **Verlesung, -en** reading
verleugnen to deny
verliebt sein in (+ *acc.*) to be in love with
verlieren to lose
sich **verloben mit** to get engaged to
der **Verlobte** (*adj. noun*) fiancé
die **Verlobung, -en** engagement
vermindert diminished
das **Vermögen** fortune
vermuten to suppose, assume, suspect
vernachlässigen to neglect
die **Vernehmung, -en** interrogation
verneinen to deny
verraten to betray
(verrät), verriet, verraten
verrecken to drop dead
sich **verrennen** to take a wrong turn
verannte sich, sich verrant
verschärfen to intensify
verschieden various
verschlagen to drive off course, to bring (somewhere)
(verschlägt), verschlug, verschlagen
verschleiern to veil
verschließen to seal
verschloß, verschlossen
verschlossen closed, unreadable
verschonen to spare
verschweigen to be quiet about, not say anything about
verschwieg, verschwiegen
sich **versorgen** to look after oneself
das **Versteck, -e** hiding place
der **Verstorbene** (*adj. noun*) dead man, deceased
verstrickt entangled
der **Versuch, -e** attempt
verschwinden to disappear
verschwand, ist verschwunden
vertauschen to exchange
der **Verteidiger, —** defender (*i.e.*, defense attorney)
vertragen to tolerate
(verträgt), vertrug, vertragen
vertrauen (+ *dat.*) to trust
vertrauen auf (+ *acc.*) to count on
der **Vertreter, —** representative
verurteilen to sentence, condemn
der **Verurteilte** (*adj. noun*) condemned person
verwandt related, similar
der **Verwandte** (*adj. noun*) relative
die **Verwandtschaft** set of relatives; relations, family
verwirklichen to realize, to make come true
verwitwet widowed
verzehren to eat, devour
verzeihen to forgive
verzieh, verziehen
verzweifelt desperate, in despair
die **Verzweiflung** despair
vielerlei many things
vielmehr rather
virtuos skillful
die **Volksschule, -n** elementary school
der **Vollbart, ⸚e** full beard
völlig completely, totally
vollkommen completely, absolutely
die **Vollziehung** the carrying out, execution (of a plan)
voraus·setzen to assume
die **Voraussetzung, -en** assumption, prerequisite
vorbei past, finished
vorbei·gehen to go by, pass by; to miss
ging . . . vorbei, ist vorbeigegangen
vor·bereiten to prepare
sich **vor·beugen** to lean over
vor·bringen to say, come out with
das **Vorderzimmer, —** front room
vorerst for the time being
der **Vorfall, ⸚e** event
der **Vorgang, ⸚e** event
der **Vorgänger, —** predecessor
vor·gehen to occur, happen
ging . . . vor, ist vorgegangen
sich **vor·halten** to hold out in front of oneself
(hält sich . . . vor), hielt sich . . . vor, sich vorgehalten
vorhin a while ago, before, previously
vor·kommen to occur, happen; seem
kam . . . vor, ist vorgekommen
sich **vor·kommen** to appear to oneself
kam sich . . . vor, ist sich . . . vorgekommen
vor·laden to summon
(lädt . . . vor), lud . . . vor, vorgeladen
vorläufig for the time being
der **Vorsatz** premeditation
die **Vorschrift, -en** order
vorsichtig careful
die **Vorspeise, -n** appetizer, first course
sich vor·stellen to imagine
die **Vorstellung, -en** notion, idea, philosophy
vortrefflich excellent
im Vorübergehen in passing by
vorübergehend temporarily
vorwärts forward
es vorwärts bringen (brachte, gebracht) to get ahead, make a go of it
vorwärts·kommen to get ahead
kam . . . vorwärts, ist vorwärtsgekommen
vor·weisen to show
wies . . . vor, vorgewiesen
der **Vorwurf, ⸚e** reproach
sich **Vorwürfe machen** to reproach oneself

wachen to be awake
wachen über (+ *acc.*) to watch over
die **Waffe, -n** weapon
der **Wagenschlüssel, —** car key
währenddessen meanwhile

die **Wahrheit** truth
der **Wald, ¨er** forest
walten to prevail
die **Waren** (*pl.*) goods, wares
das **Waschbecken, —** sink, washstand
die **Wäsche** underclothes; laundry
waschen to wash
(wäscht), wusch, gewaschen
der **Wäschewechsel** change of underwear
wechseln to change
wechselnd changing
weg gone
wegen (+ *gen.*) due to, because of
weg·fegen to sweep
die **Wehrlosigkeit** defenselessness
weich soft, mild, gentle
ein Weilchen a little while
weinen um to cry for
die **Weise** way, manner
in keiner Weise in no way, not at all
weiter continued; further, in addition
der **Wellpappenfabrikant, -en** manufacturer of corrugated cardboard
der **Wendepunkt** turning point
wenigstens at least
wenn auch even if
Wert legen auf (+ *acc.*) to value
wesentlich significant
weshalb why
wichtig important
widerlich disgusting
willkommen welcome
jemanden willkommen heißen to welcome someone
hieß . . . willkommen, willkommengeheißen
der **Winkel, —** corner
winzig tiny
wirken auf (+ *acc.*) to affect
die **Wirklichkeit** reality
der **Wirt, -e** innkeeper
die **Wirtschaft** economy; household
die **Witwe, -n** widow
wohlhabend wealthy
wohlmeinend benevolent, well meaning
wohltemperiert at the proper temperature (room temperature)
das **Wohngeschoß** hallway, vestibule
die **Wohnhalle** hallway
die **Wohnung, -en** apartment
die **Wohnungseinrichtung** furnishings for an apartment
der **Wohnwagen, —** vacation trailer, camper
das **Wort, ¨er** word
die **Worte** (*pl.*) (someone's) words
wörtlich literally
wund raw
sich **wundern** to puzzle
der **Wunsch, ¨e** desire, wish
wunderschön beautiful, lovely
würdig dignified, proper
würdigen to evaluate
der **Wust, -e** mess
die **Wut** anger
wuterfüllt filled with anger, enraged

die **Zahl, -en** figure, number
zählen to count; to be important
zahnlos toothless
das **Zeichen, —** sign
die **Zeichnung, -en** drawing
der **Zeigefinger, —** index finger
das **Zeitungsblatt, ¨er** newspaper page
die **Zelle, -n** cell
zerfetzt tattered, torn
zerknüllen to crumple
zerschmettern to smash, shatter
zerstören to destroy
zerstreut absentminded
die **Zeugin, -nen** witness (*fem.*)
ziehen to go, to travel, to move
zog, ist gezogen
ziehen zu to move in with (someone)
ziemlich rather
die **Ziffer, -n** figure
die **Zinngrube, -n** tin mine
zittern to tremble, shake
zitternd trembling
zögern to hesitate, delay
zu·decken to cover up
der **Zufall, ¨e** chance, circumstance
der glückliche Zufall happy circumstance
zufällig by accident, by chance
der **Zug, ¨e** characteristic, feature
zu·geben to admit, to concede a point
(gibt . . . zu), gab . . . zu, zugegeben
zugekehrt (+ *dat.*) turned toward
zugrunde·gehen to go to pot, to decay
ging . . . zugrunde, ist zugrundegegangen
die **Zukunft** future
zu·lassen to permit, allow
(läßt . . . zu), ließ . . . zu, zugelassen
zuleide (*idiomatic usage*)
jemandem etwas zuleide tun (tat, getan) to do harm to someone
zuletzt most recently
die **Zunge, -n** tongue
zürnen (+ *dat.*) to be angry with someone
zurück·drängen to push back
zurechnungsfähig sane, responsible
sich **zurecht·finden** to find one's way about
fand sich . . . zurecht, sich zurechtgefunden
sich **zurück·halten** to restrain oneself
(hält sich zurück), hielt sich zurück, sich zurückgehalten
zurückhaltend reserved, withdrawn
zurück·kehren to return
ein Zurückgekehrter (*adj. noun*) someone who has returned; prodigal son
zurück·sausen to rush back
zurück·schicken to send back, return
zurück·verwandeln to change back

zurück·weichen to give ground, yield
wich . . . zurück, ist zurückgewichen
der **Zusammenbruch, ¨e** collapse
zusammen·fassen to summarize
der **Zuschauer, —** spectator
der **Zustand, ¨e** state, condition
zutage fördern to bring to light
zutiefst deeply
zuvor beforehand
sich **zu·wenden** to turn to
wandte sich zu, sich zugewandt
zu·werfen to throw to
(wirft . . . zu), warf . . . zu, zugeworfen
zwar to be sure
der **Zweck, -e** purpose; point, sense
der **Zweifel, —** doubt
ohne Zweifel without a doubt
zweifelhaft dubious
zweifellos doubtlessly, undoubtedly
zwingen to force
zwang, gezwungen
die **Zwischenzeit** meantime

A 9
B 0
C 1
D 2
E 3
F 4
G 5
H 6
I 7
J 8